Eine ausgedehnte Nachtruhe erhöht nicht nur das Wohl-
befinden neugeborener Eltern – sie ist auch für den Säugling so elementar wie Essen oder Atmen. Doch richtiges
Schlafen will gelernt sein. Vier goldene Regeln für einen
gesunden Babyschlaf hat André Kahn, Leiter des Brüsseler
Schlafzentrums, aufgestellt und in einen ebenso fundierten
wie umfassenden Elternratgeber eingebettet. Dieser ver-
sammelt alles Wissenswerte rund um den Kinderschlaf,
erläutert ausführlich die Ursachen von Schlafproblemen
und enthält praktikable und erprobte Ratschläge zu deren
Behebung. Außerdem geht Kahn der Frage nach, wann man
überhaupt von »Schlafstörungen« sprechen kann und wie
man mit Alpträumen oder Schlafwandeln umgeht, die
keine eigentlichen Schlafprobleme sind. Aus reicher Praxiserfahrung schöpfend und durch viele Beispiele überaus
anschaulich, läßt dieser verständnisvolle Schlafbegleiter
wieder ruhige Nächte einkehren – vom Säuglings- bis ins
frühe Schulalter.

André Kahn ist Professor für Pädiatrie und Leiter des Schlafzentrums an der Kinderklinik der Universität Brüssel.

André Kahn

Die Schlafschule

Mein Kind lernt schlafen

Aus dem Französischen von
Martina Georg

Deutscher Taschenbuch Verlag

Deutsche Erstausgabe
Juli 2001
2. Auflage August 2003
Deutscher Taschenbuch Verlag GmbH & Co. KG, München
www.dtv.de
© 1998 Éditions Odile Jacob
Titel der französischen Originalausgabe:
Le sommeil de votre enfant
Mode d'emploi pratique pour les parents
d'un petit insomniaque
ISBN 2-7381-0572-6
© der deutschsprachigen Ausgabe:
2001 Deutscher Taschenbuch Verlag GmbH & Co. KG, München
Umschlagkonzept: Balk & Brumshagen
Umschlagfoto: © The Image Bank /Tosca Radigonda
Satz: Kalle Giese Grafik, Overath
Gesetzt aus der Times New Roman (Berthold) 10/11,5˙
Druck und Bindung: Druckerei C. H. Beck, Nördlingen
Gedruckt auf säurefreiem, chlorfrei gebleichtem Papier
Printed in Germany · ISBN 3-423-36238-3

Inhalt

Einführung 7

1 Wissenswertes zum Schlaf von Kindern 13
Warum Sie selbst kein »Schlafexperte« sein müssen .. 13
Die Phasen des Schlafes 13
Das Einschlafen 16
Schlafdauer und Schlafrhythmus 17
Rituale und Requisiten 20

2 Wie Sie erkennen, ob Ihr Kind wirklich
   Schlafprobleme hat 22
Grundsätzliches 22
Häufig gestellte Fragen 24

3 Grundsätzliches zum Umgang mit Schlafproblemen 34
Ein Wort vorab 35
Wenn Schlafprobleme sich eingenistet haben 37
Kinder zur Selbständigkeit anleiten 39
Eine räumliche Grenze setzen 44
Das »magische Schlafheft« 44
Rückschläge 45
Haben Sie Bedenken, in das Schlafverhalten Ihres
   Kindes regulierend einzugreifen? 46

4 Erziehungsbedingte Ursachen von Schlafstörungen 48
»Mißverständnisse« in der Eltern-Kind-Beziehung 49
Grenzen setzen ist notwendig 67
Wenn das Unterbewußtsein mitspielt 95
Das ängstliche Kind 105
Das mißhandelte Kind 130

5 Körperliche Ursachen der Schlaflosigkeit 134
Wenn Schmerzen das Kind wachhalten 135
Ernährung und Mahlzeiten 141
Nahrungsbestandteile, die den Schlaf stören können 154
Probleme mit der Atmung 166

6 Parasomnien – nicht zu verwechseln mit
    Schlafstörungen 174
Auffällige nächtliche Motorik 175
Das Weinen im Schlaf 181
Das Spiel der inneren Uhr 190
Schlafwandeln 198
Bettnässen 202

7 Wie Sie Schlafstörungen vorbeugen können 207
Grundlegende Voraussetzungen für einen guten Schlaf 207
Schlafen können heißt selbständig sein 213
Eine logische Goldene Regel 214

8 Der »plötzliche Kindstod« – ein Kapitel für sich . 215
Warum dieses Thema wichtig ist 215
Grundsätzliches zum »plötzlichen Kindstod« 217
Die wichtigsten Vorbeugemaßnahmen 219
Ein Wort zu Information und Aufklärung der Eltern 223

9 Zum guten Schluß 225

Anhang
Aus der Sprechstunde 229
Das »magische Schlafheft« und andere Methoden .. 230
Dank 235

Einführung

Gut zu schlafen ist für unsere Kinder genauso wichtig wie richtig zu atmen oder gut zu essen. Und es ist etwas Schönes: Wir können Kindern beibringen, gut zu schlafen, so wie wir ihnen auch beibringen, mit Messer und Gabel zu essen oder sich ohne fremde Hilfe anzuziehen.

Manchmal allerdings entwickeln sich die Dinge nicht so reibungslos, wie wir es gerne hätten. Dann ist es wichtig, so früh wie möglich zu erkennen, woran das liegen könnte. Man kann die Probleme in der Tat lösen, und manchmal mit sehr einfachen Mitteln. So kann der Familie und dem Kind selbst viel Kummer erspart bleiben, bisweilen auch schwerwiegende gesundheitliche Probleme.

Wen ich mit diesem Buch erreichen möchte

Dieses Buch wendet sich an alle, die Schlafprobleme eines Kindes lösen wollen, und auch an diejenigen, die dafür sorgen möchten, daß Schlafschwierigkeiten sich gar nicht erst entwickeln. Es wird auf manche ihrer Fragen Antworten geben, sofern sie allerdings nicht erwarten, nun »Schlafexperten« zu werden. Das eigentliche Ziel dieses Buches ist es, Eltern zu helfen, die nicht mehr können, weil sie Nacht für Nacht von ihrem Kind geweckt werden. Es bietet ebenso Anregungen und Denkanstöße für Mitarbeiter in entsprechenden Beratungsstellen.

Dieses Buch wird auch erlauben, Situationen zu entdramatisieren, die eigentlich keinen Grund zur Besorgnis liefern, ebenso wie es Ihnen helfen kann, ein echtes Schlafproblem zu unterscheiden von einer vorübergehenden beziehungsweise eher harmlosen Störung. Kurz, dieses Buch ist für alle bestimmt, die Kinder lieben und denen am Herzen liegt, wie sie mehr als die Hälfte ihres Lebens, nämlich die langen Stunden der Nacht, verbringen.

Wie dieses Buch entstanden ist

Das Schreiben dieses Buches war für mich eine Freude. Es ist Ausdruck der Erfahrung, die ich durch die Begegnung mit den Kindern und Eltern, die zu mir um Hilfe kamen, gewonnen habe. Es war eine Freude, sie zu empfangen und zu versuchen, ihnen zu helfen, mag die Situation auch oft genug schier aussichtslos erschienen sein. Genauso wie es eine Freude war, die Erleichterung für Kinder und Eltern zu erleben, wenn schließlich doch ein Weg gefunden und das Schlafproblem gelöst werden konnte.

Es ist zuallererst die Leistung der Kinder und ihrer Eltern, diesen Weg zu gehen. Meine Rolle als Arzt, die Rolle meiner Kollegen, besteht darin, Rat zu geben und die Schritte auf den kürzest möglichen Lösungsweg zu lenken. Die Befriedigung, die aus dieser Arbeit resultiert, ist ungeheuer groß, wenn Eltern erzählen, daß das familiäre Leben auf einmal wie verwandelt ist und die Nächte keine Alpträume mehr bedeuten. Von eben diesem Glück möchte ich etwas an Sie weitergeben.

Was ich selbst von den Familien gelernt habe

Aus der Arbeit mit den Familien haben ich und meine Kollegen lernen können, daß ein Großteil der Ursachen für Schlaflosigkeit relativ einfach zu verstehen ist. In den meisten Konfliktsituationen können die Familien selbst eine Lösung finden, sobald sie einleuchtende Erklärungen zur Hand haben.

Dieses Buch geht deshalb von den Fragestellungen der betroffenen Familien aus. Es legt Zeugnis ab von der Erschütterung in Familien, denen keine normalen Nächte vergönnt sind. Es gibt Eltern, die uns von ihrer Müdigkeit, ihrer nervlichen Anspannung berichtet haben, mitunter auch von der Beeinträchtigung ihres sozialen oder beruflichen Lebens. Manche waren aufgrund ihrer Übermüdung sogar in Autounfälle verwickelt oder begingen Fehler am Arbeitsplatz. Andere sprachen von ihrer Wut auf das Kind und ihrer Angst davor, in ihrer Erschöpfung und Verzweiflung dem Kind womöglich Gewalt anzutun, wenn es das x-te Mal nachts aufwacht und das Faß damit zum Überlaufen bringt. Und es gibt die Eltern, die sich mit Schuldgefühlen plagen, keine »guten Eltern« zu sein und nicht für »gute Nächte« zu sorgen.

Dieses Buch, das auf mehr als fünfzehn Jahren Arbeit und Praxiserfahrung mit schlafgestörten Kindern und deren Familien beruht, zollt all diesen Eltern Anerkennung und möchte dazu beitragen, daß es zu einer solchen Familienproblematik gar nicht erst kommt.

Eine Schlafnorm gibt es nicht

Ein warnendes Wort vorab an diejenigen Leser, die im folgenden einen Leitfaden zu einem normalen Schlafverhalten erwarten. »Wie schläft ein Kind normal?« »Was ist normal für welches Alter?« »Ist es normal, mit dem Kind im selben Zimmer oder im selben Bett zu schlafen?«: Das ist die Sorte Fragen, die ich unmöglich beantworten kann. Schlafgewohnheiten können je nach Ländern, Kulturen oder schlicht persönlichen Vorlieben äußerst verschieden sein. Sie sind in Ordnung und stimmig, wenn die Familien damit zufrieden leben können. In diesen Fällen sprechen wir nicht von »Schlafproblemen«, welche Gewohnheiten auch immer in einer Familie praktiziert werden. Im anderen Fall hingegen, wenn das Kind oder die Familie unter den herrschenden Schlafgewohnheiten leidet, sprechen wir sehr wohl davon, auch wenn diese Gewohnheiten womöglich der »Norm« entsprechen. Ich rate nur dann etwas zu unternehmen, wenn das Kind unter den Folgen von schlechtem Schlaf leidet, oder – was sehr häufig vorkommt – wenn der Elternschlaf durch das nächtliche Verhalten des Kindes gestört ist.

Unsere Haltung ist generell tolerant, und wir fällen keine Urteile darüber, wie »normaler« oder »richtiger« Schlaf von Kindern sein sollte.

Wie häufig sind Schlafprobleme bei Kindern?

Über Schlafprobleme bei Kindern gibt es etliche Bücher in vielen Sprachen, und auch in internationalen wissenschaftlichen Publikationen finden sich zahlreiche Untersuchungen und Analysen. Diese Veröffentlichungen zeigen, daß gerade bei Kindern Schlafprobleme häufig auftreten. Diese Erkenntnis ist um so verblüffender, wenn man bedenkt, wie wenig Raum der kindliche Schlaf in der medizinischen Ausbildung einnimmt.

Untersuchungen aus Europa und den USA zeigen, daß an die 25 Prozent der Säuglinge im Alter von sechs Monaten bis zu einem Jahr mehrmals pro Nacht aufwachen. Und bei den Säuglingen, die in diesem Alter bereits abgestillt sind, erhöht sich der Prozentsatz auf 50. Im zweiten Lebensjahr liegt die Häufigkeit bei 20 Prozent, und im Alter von etwa vier Jahren hat annähernd jedes zweite Kind Schwierigkeiten einzuschlafen und wacht nachts auf. Bei den Sieben- bis Elfjährigen sind rund 14 Prozent von Schlaflosigkeit geplagt, vier Prozent von ihnen sind an ständigen Schlafmittelkonsum gewöhnt. Betroffene Eltern erklären häufig, daß sie lieber zu anderen Mitteln als Medikamenten greifen würden, aber knapp ein Drittel weiß sich nicht anders zu helfen und ist ratlos, wohin sie sich wenden könnten.

Eine Untersuchung, die wir bei niedergelassenen Kinderärzten in Städten wie auf dem Land gemacht haben, hat gezeigt, daß unter rund 14 000 Patienten vier Prozent ernste Schlafprobleme hatten und daß ein Prozent der Eltern ausdrücklich aufgrund dieser Probleme einen Kinderarzt zu Rate zogen.

Ernstzunehmende Schlafprobleme sind bei Kindern also durchaus häufig, und sie werden viel zu selten dem Kinderarzt gegenüber angesprochen. Geht es dann doch ausdrücklich darum, werden diese Probleme wiederum viel zu häufig mit Beruhigungsmitteln behandelt, mit den entsprechend unerwünschten Folgen.

Die Schlafprobleme, mit denen das Kind lebt, ziehen weit mehr als gestörte Nachtruhe oder Müdigkeit tagsüber nach sich. Sie können sich auf alle Aktivitäten des Kindes auswirken, auf sein soziales Leben wie auf seine schulische Leistungen. Die »schlechten Schläfer« scheitern weitaus häufiger als ihre gut schlafenden Mitschüler an schulischen Anforderungen. Ob es allerdings die Müdigkeit wegen mangelndes Schlafes ist, die das Schulversagen wesentlich verursacht, kann man nicht mit Sicherheit sagen: Oft greifen mehrere Gründe ineinander.

Im folgenden werden wir die Statistik und Theorie entschieden vor der Tür lassen. Wir werden uns an alltägliche Erfahrungen halten und real erlebte Geschichten von Leid und Irrtum erzählen. Und wir werden erkennen, wie wir die meisten Situationen, die sich bislang als ausweglos darstellten, mit Hilfe von ein wenig Fachkenntnis und um so mehr intuitivem Wissen zum Besseren verändern können.

Zum Gebrauch des Buches

Die Fallgeschichten, auf denen dieses Buch aufbaut, sind so ausgewählt, daß sie besonders typisch und anschaulich die Problemlagen wiedergeben, die am häufigsten in der Kinderarztpraxis zur Sprache kommen.

Zu jeder Gruppe von Fallgeschichten finden Sie über den Einzelfall hinausgehende Erklärungen, die ein Verständnis der zugrundeliegenden Probleme ermöglichen, so daß jedes Kapitel auf mögliche Lösungsvorschläge und Strategien hinausläuft.

Die hervorgehobenen Texte, die Sie am Ende jedes thematischen Abschnittes finden, gehen tiefer in die Materie hinein, jedoch ohne daß durch diese Ausflüge in die Fachwissenschaft aus diesem praktischen Ratgeber ein gelehrter Traktat würde.

1 Wissenswertes zum Schlaf von Kindern

Warum Sie selbst kein »Schlafexperte« sein müssen

Sie müssen nicht viel über den Schlaf an sich wissen, um Ihr Kind zum Schlafen zu bringen. Einige Dinge aber sollten Sie interessieren, über die ich in diesem Kapitel einen Überblick gebe. Sie können es aber auch überspringen oder später dazu zurückkehren, wenn Ihnen die Lektüre für das Verständnis bestimmter Abschnitte nützlich erscheint. Im folgenden sind nur die wirklich elementaren Dinge angesprochen.

Die Phasen des Schlafes

Schlafen ist eine Abfolge unterschiedlicher Phasen. Beim Einjährigen wie beim Erwachsenen unterscheidet man zwei Hauptphasen: den ruhigen und den aktiven Schlaf oder: Tiefschlaf und Traumschlaf. Eine dritte Schlafphase kennen wir bei Säuglingen bis zu einem Jahr, nämlich den sogenannten »unbestimmten« Schlaf. Diese drei Phasen sind unterschiedliche Arten des Schlafes, und entsprechend unterschiedlich ist das Verhalten des Kindes in diesen Phasen.

Der Tiefschlaf

»Manchmal schläft mein Baby so tief, daß ich das Gefühl habe, es atmet gar nicht mehr. Ist das normal?«
Das Kind schläft ruhig und ohne zu träumen. Die Augen hinter den geschlossenen Lidern sind bewegungslos oder nur in sehr leichter Bewegung. Die Atmung ist gleichmäßig. Gelegentlich treten ruhige Arm- oder Beinbewegungen auf.

Der Traumschlaf

»Ich dachte immer, daß Neugeborene einen friedlichen Schlaf haben. Unser Kind kommt mir aber ganz unruhig vor beim Schlafen: Bei geschlossenen Lidern rollt es mit den Augen, es bewegt sich heftig und macht eigentlich die ganze Zeit Lärm. Muß ich mir da Sorgen machen?«
Wie der Name sagt, träumt das Kind während dieser Phase. Die Augäpfel sind in schneller Bewegung, die Atmung ist unregelmäßig, der Körper kann regelrechte kleine Sprünge machen. Mitunter sind Aufschreie oder Stöhnen und Seufzen zu hören. Das alles ist vollkommen normal und muß Sie in keiner Weise beunruhigen.

Der Übergangsschlaf

»Unbestimmten« Schlaf oder »Übergangsschlaf« nennt man diejenige Schlafphase, in der ein Säugling weder das für den Tief- noch für den Traumschlaf charakteristische Verhalten zeigt.

Der Schlafzyklus

Während der ersten Lebenswochen besteht der Schlaf zu gleichen Teilen aus den genannten drei Phasen. In dem Maße, in dem das Kind größer wird, verändert sich dieses

Verhältnis der Schlafphasen zueinander: Der Übergangsschlaf geht mehr und mehr zugunsten des Tief- und Traumschlafes zurück, wobei die Tiefschlafphase ihrerseits immer
länger und ausgeprägter wird.

Ab dem zweiten Lebensmonat ist die Phase des Tiefschla-
fes etwa doppelt so lang wie die des Traumschlafes. Beide
wechseln sich in einem regelmäßigen Rhythmus ab. Dieser
abwechselnde Rhythmus stellt jeweils einen Kreis, einen
Schlafzyklus dar, der eine nach und nach größere Zeitspanne
umfaßt. Am Ende des ersten Lebensjahres dauert er im
Schnitt 45 Minuten und bei Fünfjährigen etwa 65 Minuten.

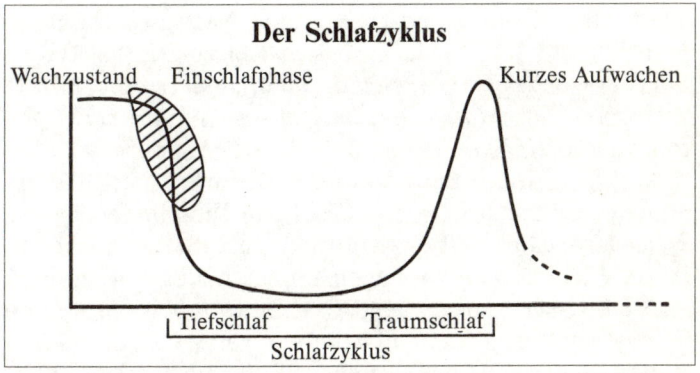

Der Schlafzyklus

Wachzustand   Einschlafphase   Kurzes Aufwachen

Tiefschlaf   Traumschlaf
Schlafzyklus

»Ab welchem Alter träumen Babys?«

Das Ungeborene im Bauch der Mutter zeigt Bewegungen, die glauben machen können, daß es träumt. Hier können wir aber überhaupt nicht sicher sein. Lange vor der
Geburt ist beim Fötus ein Verhalten zu beobachten, das wir
bei einem Neugeborenen als »Traumschlaf« beschreiben
würden: als Schlaf, in dem der Säugling aktiv ist und träumt.
Ausschließen kann man nicht, daß Träume schon im Uterus
stattfinden, aber wir wissen nichts darüber, welcher Art
diese Träume sein könnten.

15

Das Einschlafen

»Mein Baby wird langsam immer größer und es braucht immer mehr Zeit zum Einschlafen. Ist das normal?«

Die Zeit, die das Einschlafen braucht, wird immer länger, je älter das Kind wird. Während der ersten drei Monate geschieht das Einschlafen sehr schnell, es dauert nur wenige Minuten. Dann aber, zwischen dem neunten Monat bis zum Alter von drei Jahren, braucht das Kind 20 bis 60 Minuten zum Einschlafen.

In den allerersten Wochen schläft ein Säugling praktisch sofort ein und fällt in den Traumschlaf. Nach zwei Monaten dann beginnt sein Schlaf mit dem Tiefschlaf.

»Zwei Wochen ist unser Kind jetzt alt, und es braucht sehr lange zum Einschlafen. Wir müssen es hin- und herwiegen und ihm vorsingen. Ist das bei allen Babys so?«

Natürlich. Jedes Baby kann das Bedürfnis nach Geborgenheit und zärtlichem Kontakt beim Einschlafen haben. Es ist also ganz und gar »normal«, ein Baby am Abend durch Wiegen und Vorsingen einzuschläfern. Aber man muß aufpassen, daß daraus keine Gewohnheit wird, ohne die das Kind nicht mehr auskommen kann. Gewohnheiten spielen für das Kind eine immense Rolle. Idealerweise lehrt man das Kind so früh wie möglich, sich selbst zum Einschlafen zu bringen. Man legt es also nach dem Wiegen und Vorsingen noch wach und mit offenen Augen in sein Bettchen.

Wenn das Kind eine Gewohnheit angenommen hat, die es ihm nicht erlaubt, von selbst zurechtzukommen, wird es jedesmal, wenn es nachts aufwacht, eben dieses Gewohnheitsrecht reklamieren. Auf diese Aspekte des Einschlafens kommen wir im Kapitel zu den »Eltern-Kind-Mißverständnissen« zurück (siehe S. 49ff.).

Schlafdauer und Schlafrhythmus

Im allgemeinen kann man davon ausgehen, daß ein Säugling bis zum Alter von drei Monaten etwa 17 bis 19 Stunden am Tag schläft. Dies wird nach und nach weniger, bis das etwa einjährige Kind sich mit 15 bis 16 Stunden Schlaf begnügt.

»Ich dachte, daß Neugeborene praktisch den ganzen Tag schlafen. Unseres macht immer nur kurze Nickerchen und wirkt so unruhig.«

Diese Zahlen sind rein statistische Zahlen. Unter Kindern gibt es die ausgesprochenen Langschläfer, die mehr als der Durchschnitt schlafen, und es gibt die »Kurzschläfer«, die entsprechend weniger Schlaf brauchen.

Wie die Schlafdauer verändert sich auch die Verteilung von Schlaf- und Wachphasen während des ersten Lebensjahres. Ein regelmäßiger Rhythmus, der sogenannte Schlaf-Wach-Rhythmus, hat sich ungefähr in der dritten Lebenswoche eingespielt. Und ungefähr ab der neunten Woche gibt es einen festen Stundenplan für die Wachphasen.

Wichtig ist die Tatsache, daß ein normales, gesundes Kind jede Nacht spontan etwa fünf- bis siebenmal aufwacht und wieder einschläft. Dieses Aufwachen ist kurz, es dauert vielleicht ein paar Sekunden oder auch Minuten, und währenddessen öffnet das Kind die Augen, nuckelt an seinem Daumen oder einem »Schmusegegenstand«, bewegt sich in seinem Bettchen herum, es kann auch kurz aufschreien oder ein bißchen weinen. Das Kind schläft jedoch von ganz allein wieder ein, dieses »Mikro-Wachsein« bleibt ohne Spuren. Wenn dem Kind allerdings etwas wehtut, wenn irgend etwas in seiner Umgebung es irritiert oder auch wenn es schlechte Einschlafgewohnheiten angenommen hat, dann wird es von selbst nicht wieder einschlafen können.

Im ersten Lebensjahr

»Ich habe ein drei Wochen altes Baby, das den ganzen Tag schläft und nachts hellwach und in Bewegung ist. Wie kann ich es dazu bringen, diesen Rhythmus umzudrehen?«
Kinder bis zum Alter von sechs Monaten verwechseln häufig den Tag mit der Nacht. Tagsüber schlafen sie immer wieder, und am Abend weinen sie. Manchmal bleiben sie die Nacht über wach. Nach und nach finden die Kinder Orientierungspunkte, die ihnen sagen, was tagsüber und was nachts geschieht. Die Schlafzeiten verlagern sich so immer mehr in die Nachtstunden, während sie tagsüber lediglich ihre Nickerchen machen. Allerdings hat jedes Kind seinen eigenen biologischen Rhythmus, der sich individuell mit zunehmendem Alter ausprägt.

Im Kleinkindalter

»Meine Tochter ist zwei, und sie will keinen Mittagsschlaf mehr machen. Soll ich sie zwingen, sich hinzulegen?«
Zwischen ein und fünf Jahren nimmt das Bedürfnis, tagsüber zu schlafen, immer mehr ab. Am Ende des ersten Lebensjahres schläft das Kind noch zweimal tagsüber: einmal am Vormittag, das zweite Mal am frühen Nachmittag. Mit drei Jahren macht es nur noch das Nachmittagsschläfchen und bald auch das nicht mehr. Aber alle Angaben hierzu variieren von Kind zu Kind sehr stark.
»Mein Sohn findet nur schwer den richtigen Schlafrhythmus: Immer wenn es darum geht, ins Bett zu gehen, ist er besonders aufgedreht. Was kann man da tun?«
Man kann dem Kind dabei helfen, sich an bestimmten Zeiten zu orientieren und seinen Schlaf- und Wachrhythmus danach zu richten. Die beste Hilfestellung sind regelmäßige Essens- und Ins-Bett-geh-Zeiten. Mahlzeiten und

auch körperliche Aktivitäten sind wirksame Markierungen, womit Kinder sich einen Zeitbegriff machen können. Dieser Stundenplan muß natürlich dem Alter des Kindes angepaßt sein und Raum lassen für besondere Ereignisse und Ausnahmen. Wenn ein Kind verängstigt ist, weil ein bestimmtes Ereignis die Ordnung seines täglichen Lebens durcheinander gebracht hat, dann muß man bereit sein, die Zeit zum Schlafen flexibler zu handhaben oder auch Ausnahmen bei den Einschlafritualen zulassen (vgl. 4. Kapitel).

»Meine Tochter ist drei und zur Schlafenszeit in Hochform. Kann ich sie trotzdem dazu zwingen, ins Bett zu gehen?«

Durch das Verhalten eines Kindes, wenn es Zeit ist, schlafen zu gehen, dürfen wir uns nicht täuschen lassen. Wie viele Eltern haben mir erzählt, daß sie ihr Kind nicht zur gewünschten Zeit hinlegen können, weil ausgerechnet dann das Kind einen besonders wachen und aktiven Eindruck mache! Niemals würde es in diesem Zustand akzeptieren zu schlafen – so die Eltern.

Diese Eltern mißverstehen die Müdigkeitssignale, die ihr Kind ihnen vermittelt: Ein müdes Kind kann seine Aktivitäten herunterschrauben, es kann glänzende Augen haben und sogar gähnen und sich die Augen reiben. Es kann aber genauso gut auch besonders aufdrehen und wild sein, spielen wollen oder bei der kleinsten Gelegenheit anfangen zu weinen. Ein müdes Kind zeigt also durchaus auch offensichtlich paradoxe Reaktionen auf seine Müdigkeit. Das Kind weiß nicht, was ihm geschieht. Die Eltern aber sehr wohl, und deshalb ist es an ihnen, das Kind ins Bett zu schicken.

Rituale und Requisiten

Das Einschlafritual

»Mein dreijähriger Sohn besteht darauf, daß ich ihm jeden Abend dieselbe Geschichte vorlese. Wäre es nicht besser, jeden Abend eine andere auszuwählen, damit er es nicht irgendwann langweilig findet?«

Ein Ritual ist für ein Kind sehr hilfreich, die Aktivitäten des Tages gewissermaßen ausklingen zu lassen und sich auf die Nachtstunden einzustimmen. Ein Ritual besteht aus einer Abfolge kleiner Verrichtungen, die sich in immer gleicher Weise wiederholen. Zum Beispiel so: ins Badezimmer gehen, Zähneputzen, dem Spielzeug Gute Nacht sagen, aus dem Fenster gucken und sehen, daß es Abend wird oder bereits richtig dunkel ist, dann eine kleine Geschichte vorlesen oder das Kind ein wenig Musik hören lassen. All diese Dinge laufen jeden Abend in der gleichen Art und Weise und Reihenfolge ab, und auch, was gesprochen wird, ist praktisch immer das gleiche.

En solches Ritual bewirkt Wunder und gibt dem Kind ein Gefühl von Sicherheit: der heutige Abschied vom Tag und vom Wachsein unterscheidet sich in nichts von dem gestrigen, und alles wird wie gestern nacht seinen guten Gang nehmen.

»Ab welchem Alter sollte man Rituale einführen?«

Sie können gar nicht früh genug damit beginnen, Rituale zu schaffen, die Sie natürlich mit zunehmendem Alter des Kindes auch abändern oder erweitern sollten. Praktisch ab dem ersten Lebensmonat vermittelt die stetig gleiche Wiederholung bestimmter Gesten und Handlungen beim Insbettgehen dem Kind Sicherheit und das beruhigende Gefühl, daß es weiß, was jeweils als nächstes passieren wird. Das größere Kind wird sich selbst Rituale schaffen, sei es, daß es vorm Einschlafen im Bett noch liest oder Musik hört oder sonstiges tut.

Die Schlummergenossen

»Meine Tochter hat sich angewöhnt, mit einem kleinen Bilderbuch aus Stoff einzuschlafen. Jetzt sehen wir aber das Problem, daß sie »ohne« nicht einschlafen wird; wir könnten ja mal unterwegs sein und es vergessen haben oder es gar verlieren. Ist so eine Angewohnheit überhaupt gut?«

Eine Puppe, ein Stoffteil oder sonst ein Lieblingsobjekt Ihres Kindes hat nicht nur die Funktion eines Begleiters im Schlaf, sondern kann auch ein hilfreiches »Übergangsobjekt« sein: zusammen mit ihm wechselt das Kind vom Tag zur Nacht und von der Anwesenheit zur Abwesenheit der Eltern. Einige einfache Regeln zur Prozedur des Einschlafens und der Rolle der »Schlummergenossen« finden Sie weiter unten in Kapitel 7.

Merkzettel

Der Schlaf ist wie das Kind selbst: Er entwickelt sich mit der Zeit. Und ebenso wie jedes Kind hat auch dessen Schlaf individuelle, charakteristische Eigenschaften. Wir sollten also nicht versucht sein, das Schlafverhalten zu »normalisieren«, sondern die Art und Weise respektieren und wertschätzen, in der das Verhalten sich im Lauf der Zeit weiterentwickelt und entfaltet.

2 Wie Sie erkennen, ob Ihr Kind wirklich Schlafprobleme hat

Grundsätzliches

Woran erkennt man eine Schlafstörung?

»Mein Kind wacht nachts immer auf. Das sei ganz normal, sagen viele. Aber wie kann ich wissen, ob es nicht doch eine Schlafstörung ist?«

Es gibt zwei wesentliche Anhaltspunkte für Schlafstörungen:

1. Der erste Anhaltspunkt sind Sie selbst: Ihr eigener Eindruck, Ihr Urteil. Wenn Sie das nächtliche Verhalten Ihres Kindes nicht länger aushalten können und wenn Sie bemerken, daß das Familienleben darunter leidet, dann handelt es sich sehr wohl um eine Schlafstörung. Dabei hängt die Toleranzgrenze der Eltern allerdings von mehreren Faktoren ab, zum Beispiel ihrer eigenen Geschichte, dem sozialen Milieu und auch den kulturellen Gepflogenheiten und Normen. Was in einigen Familien als vollkommen inakzeptabel empfunden wird, kann in anderen Familien als absolut normal gelten. Die Toleranzgrenze jeder Familie läßt sich also nachvollziehen, indem man den lebensgeschichtlichen Hintergrund und das soziale und kulturelle Milieu mitbedenkt.
2. Der zweite Anhaltspunkt ist das Verhalten des Kindes tagsüber. Wenn Ihr Kind müde ist, die Augen nicht richtig aufbekommt, blaß ist und irgendwie erledigt und abgekämpft aussieht, liegt ein Schlafproblem nahe. Das

gleiche gilt für aggressives oder nervöses Verhalten tagsüber oder für absinkende Schulleistungen, zumal wenn Ihr Kind nachts richtig wach ist oder es schnarcht oder sich im Schlaf heftig bewegt und hin- und herwälzt.

Ist es »nur« schlechter Schlaf oder eine richtige Störung?

»Kann ich tatsächlich am Verhalten meines Kindes tagsüber erkennen, ob es nächtliche Schlafstörungen hat?«

Wie schon erwähnt, gibt es untrügliche Anzeichen für kindliche Müdigkeit: Blässe, dunkle Ringe unter den Augen, manchmal eine insgesamt verlangsamte Motorik. Müdigkeit kann das Verhalten auch dahingehend beeinflussen, daß das Kind gegen die Müdigkeit ankämpft: mit körperlicher Unruhe, Weinen, Wutanfällen. In einigen Fällen, wenn die Müdigkeit schon chronisch ist, kann man eine Beeinträchtigung der intellektuellen Entwicklung wie auch der psychomotorischen Fähigkeiten beobachten. Ein chronisch müdes Kind zeigt außerdem schwache Abwehrkräfte, und seine häufigen Infektionen können sich nachteilig auf seine körperliche Entwicklung auswirken.

Aber Vorsicht: Das Verhalten tagsüber ist kein ausreichender Indikator für Schlafprobleme, natürlich müssen wir auch das, was nachts geschieht berücksichtigen. Wenn eine Schlafstörung behoben ist, kann man manchmal nur staunen, wie auffällig positiv sich das Verhalten des Kindes tagsüber verändert, während die Eltern dieses Verhalten allerdings jetzt als »normal« empfinden: einfach ruhiger als vorher, aufmerksamer und kommunikationsfreudiger. Welch spektakuläre Veränderung tatsächlich vor sich gegangen ist, darüber müssen oft der Arzt oder Therapeut den Eltern die Augen öffnen.

Wann spricht man von Schlafstörung?

Es gibt keine wissenschaftliche Methode, mit der man den Grad einer Schlafstörung messen könnte. Aber erfahrungsgemäß tun sich Kinder, die ernsthafte Schlafstörungen haben, bereits sehr schwer mit dem Einschlafen. Oft brauchen sie dafür eine Stunde und länger. Hinzu kommt als Richtwert, daß sie mindestens dreimal pro Nacht aufwachen, und zwar an mindestens drei Tagen pro Woche über einen Mindestzeitraum von drei Monaten.

Schwere Schlafstörungen sind oft hartnäckiger Natur. Sie können über Monate, wenn nicht Jahre auftreten, und dabei nicht selten Nacht für Nacht. In einigen Fällen verschlimmern sie sich während des Heranwachsens des Kindes.

Nur wenige Eltern fragen ihren Kinderarzt um Hilfe, und viele kommen viel zu spät. So gibt es zum Beispiel den Fall der Familie, die zur Konsultation kam, weil die Mutter eines »schlechten Schläfers« erneut schwanger war und sich nicht vorstellen konnte, mit einem weiteren Kind fertig zu werden, wo doch schon das erste sie jede Nacht auf Trab hielt und ihr jegliche Energie raubte.

Häufig gestellte Fragen

In diesem Kapitel finden Sie einige der Fragen, die Eltern sich zum Schlaf – und Schlafmangel – ihrer Kinder stellen. Dazu habe ich Fallgeschichten ausgewählt, in denen sich Eltern in vollkommen normalen Situationen Sorgen machen. Es handelt sich um Fälle, in denen das Kind weniger Schlaf bekommt als vielleicht bisher gewohnt oder als erwartet. Solche Veränderungen hängen mit der normalen Entwicklung des Kindes zusammen – wir wissen ja, daß Kinder Entwicklungsschritte machen, die sich auf das Schlafverhalten auswirken. Hier also immer wiederkehrende Fragen: Fragen, die einer Erklärung bedürfen und detaillierte Antworten verlangen.

Aus der Kinderarztpraxis

»Glauben Sie, daß mein Kind für sein Alter genug schläft?«
Am häufigsten sorgen sich Eltern, daß ein Kind zu wenig oder nicht genügend guten Schlaf bekommt. Fragen wie: »Schläft mein Kind genug?« oder »Schläft mein Kind gut?« verraten die mangelnde Kenntnis über den Schlaf von Kindern. Daraus resultiert oft Unsicherheit und Verwirrung, vor allem, wenn im familiären Umkreis maßgebliche und einander perfekt widersprechende Meinungen aufeinanderprallen. Kommen dann noch Gesundheits- und Erziehungszeitschriften hinzu, steigert dies womöglich die Ratlosigkeit der Eltern. In manchen Fällen verweisen die genannten Fragen auf eine tiefergehende Sorge: Die Eltern fürchten, daß ihr Kind psychologische oder gar neurologische Probleme haben könnte, die sich im Schlafverhalten ausdrücken. Und es gibt die andere Befürchtung, daß ein unzureichender Schlaf sich ungünstig auf die intellektuelle oder emotionale Entwicklung auswirken könnte.

Die Fragen: »Schläft es gut?« und »Schläft es genug?« verdienen also eine ernst zu nehmende Antwort, damit die Ratlosigkeit und Unruhe in den betroffenen Familien nicht noch mehr zunimmt.

Der Mittagsschlaf

»Mein Sohn will mittags nicht schlafen. Darf ich ihn dazu zwingen?«
Die Mutter des fünf Monate alten Alexander ist beunruhigt. Tagsüber schläft ihr Sohn lediglich etwa 45 Minuten

am Nachmittag. Gegen sechs Uhr abends dann schläft er ein und schläft durch bis zum nächsten Morgen um halb sieben. Das Verhalten von Alexander ist normal, und bisher gab es auch nichts Auffälliges in seiner Entwicklung. Seine Mutter wollte sich aber versichern, ob ihr Sohn genügend Schlaf bekommt oder ob sie auf einem zusätzlichen Mittagsschlaf insistieren muß.

Ich kann Alexanders Mutter ihre Besorgnis nehmen, indem ich ihr rate, das Verhalten des Kindes im Wachzustand zu beobachten. Da ihr Sohn weder Müdigkeit noch sonstiges auffälliges Verhalten zeigt, kann sie sicher sein, daß er ausreichend Schlaf bekommt.

Der Nachtschlaf

»Mein dreijähriger Sohn schläft abends immer erst um neun Uhr ein. Ist das nicht zu spät?«

Der drei Jahre alte Jeremy macht seinen Eltern Sorgen. Tagsüber macht er nicht einmal ein Nickerchen, und abends schläft er vor neun Uhr nicht ein, obwohl seine Eltern alles versuchen, ihn ab acht Uhr schlafen zu legen. Wenn Jeremy aber eingeschlafen ist, schläft er sehr gut und schläft auch durch. Tagsüber läuft alles gut, und er zeigt keinerlei Müdigkeit.

Ich kann den Eltern ihre Sorgen dadurch nehmen, daß ich sie auf das vollkommen normale Verhalten ihres Kindes tagsüber aufmerksam mache.

Phasen, in denen der kindliche Schlaf beeinträchtigt ist

In der normalen kindlichen Entwicklung gibt es Phasen, in denen man sich darauf einstellen kann, daß der Schlaf des Kindes nicht mehr so gut ist wie bisher. Die Phasen des weniger guten Schlafs sind vollkommen normal und vergehen von selbst, wenn das Kind den nächsten Entwicklungsschritt nimmt. Hier handelt es sich also nicht um Schlafstörungen, wie nicht wenige Eltern befürchten.

Die folgende Tabelle zeigt einige Entwicklungsschritte bis zur Kleinkinderzeit und die »Probleme«, die damit einhergehen können:

Die normale psychische Entwicklung des Kindes und damit verbundene »normale« Schlafstörungen		
Phase	Alter	»Problem«
postnatale Phase *Schlafzyklen bilden sich heraus mütterliche postnatale Depression*	*0 – 3 Monate*	*kein Tag-Nacht-Unterschied nächtliches Weinen*
frühe Kindheit *erste Ablösung*	*6 – 10 Monate*	*Einschlafschwierigkeiten; nächtliche Aufmerksamkeitsappelle*
»Trotzphase«	*2 Jahre*	*s.o.*
»Ödipusphase«	*3 – 5 Jahre*	*Einschlafschwierigkeiten; Ängste; nächtliches Aufwachen; Alpträume*

Bestimmte Entwicklungsschritte sind begleitet von Übergangsphasen im Schlafverhalten. Im folgenden betrachten wir zunächst die Schlafauffälligkeiten, die die postnatale Phase begleiten.

Säuglinge machen keinen Unterschied zwischen Tag und Nacht

»*Mein Baby verwechselt immer den Tag mit der Nacht, und wenn es schlafen soll, fängt es an zu weinen. Sind das Zeichen dafür, daß irgend etwas mit ihm nicht stimmt, daß es Probleme hat?*«

Ein Neugeborenes adaptiert sich auf behutsame Weise an seine neue Lebensumwelt. Nach und nach verinnerlicht es Signale, die ihm erlauben, eine Art Zeitstruktur zu erkennen. Es prägt sich Umstände, Geräusche und andere Reize ein, die ihm Hinweise geben, um Tag und Nacht immer klarer voneinander zu unterscheiden. Unter diesen Reizen sind die Essenszeiten eine wichtige Wegmarke. Wenn das Kind satt ist, wird es eindösen, und es wird in Bewegung kommen und ganz wach sein, wenn der Moment der nächsten Mahlzeit gekommen ist. Zu nächtlichem Aufwachen kommt es vor allem dann, wenn es gestillt wird. Denn die Verdauung der Muttermilch geschieht wesentlich rascher als von Kuhmilch; deshalb ist schlicht und einfach Hunger der Grund dafür, daß Säuglinge während der Nacht aufwachen.

Eine andere Wegmarke für Kinder zum allmählichen Unterscheiden von Tag und Nacht sind die unterschiedlichen Lichtverhältnisse. Dieser Lernprozeß kann allerdings lange dauern, weshalb ein Säugling über Monate hinweg Tag und Nacht unter Umständen nicht wird unterscheiden können. Normalerweise spielt sich der Schlaf-Wach-Rhythmus um die dritte Lebenswoche ein, aber fixe Wachzeiten sozusagen nach Stundenplan können auch erst im dritten Monat auftreten. Es gibt Untersuchungen, wonach die Tag-Nacht-Konfusion bis zum Alter von etwa sechs Monaten nicht unnormal ist.

Die mütterliche postnatale Depression

*»In den ersten Wochen nach der Entbindung war ich nieder-
geschlagen und traurig. Stimmt es, daß meine Depression
sich auf den Schlaf meines Kindes auswirkt?«*
Nach der Entbindung kann eine mehr oder weniger
lange Zeit kommen, in der die Mutter Traurigkeit empfindet und sich verlassen vorkommt. Diese Depression vergeht in den meisten Fällen von selbst, sie kann aber dazu
beitragen, daß der Säugling keinen Schlaf findet oder in
manchen Fällen unruhig ist und viel weint. Dieses Verhalten verschwindet aber mit der Stimmungsaufhellung der
Mutter.

Erste Ablösung

*»Mein Baby schlief sehr gut, bis es etwa sechs Monate alt
war. Aber seither wird es immer schwieriger, es zum Schlafen
zu bringen. Ist das normal?«*
Das Kind wächst heran, und mit jedem Entwicklungsschritt treten andere, neue schwierige Schlafphasen auf.
Ab etwa dem sechsten Monat wird das Kind selbständiger
und ist sich der An- oder Abwesenheit der Eltern immer
bewußter. In diesem Alter wird die Einschlafzeit im Ver-
gleich zu den ersten Lebensmonaten immer länger; das
Kind kann bis zu 60 Minuten dafür brauchen. Auch der
Schlaf selbst wird weniger gut. Schlief das Neugeborene
noch 17 bis 19 Stunden, gibt es sich mit einem Jahr mit 15
bis 16 Stunden zufrieden, was vor allem auf Kosten des
Traumschlafs geht. Hingegen nimmt die Dauer des Tief-
schlafs kaum ab.
All diese Veränderungen im Schlafverhalten mögen Eltern beunruhigen, und sie fragen sich, ob ihr Kind genügend Schlaf bekommt. Ihre Sorge wird oft dadurch verstärkt, daß die Einschlafphase länger geworden ist und das

Kind die Anwesenheit der Eltern dabei verlangt. Nachts hören sie es mitunter weinen oder herumkrakeelen, aber meistens schläft es von selbst schnell wieder ein.

Die Trotzphase

Meine Tochter ist zweieinhalb, und seit ein paar Wochen läßt sie sich nicht mehr von mir ins Bett bringen. Warum?«

Bei den etwa Zweijährigen beginnt die sogenannte Trotzphase: Das Kind opponiert aus Prinzip und begegnet allen Anforderungen mit einem entschiedenen Nein. Dieses Nein gibt es natürlich auch beim Zubettbringen. Für das Alter ein völlig normales Verhalten, das auch nachts, wenn das Kind aufwacht und die Eltern es zum Weiterschlafen anhalten, auftritt.

Aber keine Sorge, diese Phase wird vergehen. In der Zwischenzeit sollten Sie sich in Geduld üben. Bleiben Sie bei einmal getroffenen Entscheidungen, und lassen Sie nicht das Kind an Ihrer Stelle entscheiden. Fühlen Sie sich nicht schuldig, dem Kind Ihren Willen »aufzuzwingen«! Es braucht Ihren klaren Kopf. Ihre Standhaftigkeit vermittelt ihm Sicherheit und gibt ihm Raum zu einer normalen Entwicklung.

Die Ödipusphase

Mein vierjähriger Sohn weigert sich, von mir in sein Bett gebracht zu werden, und kommt dann nachts immer ins Schlafzimmer. Ist das normal?«

Wenn die Trotzphase einmal vorbei ist, bedeutet das noch lange keine Ruhe für die Eltern. Zwischen drei und fünf Jahren tritt das Kind in die sogenannte Ödipusphase ein. Es hängt sich an den jeweils gegengeschlechtlichen Elternteil, das Mädchen an den Vater, der Junge an die Mutter. Dieses

Verlangen manifestiert sich abends und nachts besonders stark. Das Kind will immer noch eine Umarmung am Abend und noch einen Gutenachtkuß und ruft den Vater bzw. die Mutter wiederholt zurück. In der Nacht hat es Alpträume oder verlangt lautstark nach elterlicher Präsenz oder kommt ganz einfach ins Schlafzimmer und schlüpft ins Elternbett.

Sehr oft begründen die Kinder in diesem Alter ihr nächtliches Wachsein damit, daß sie Angst hätten. Diese Angst ist an die verschiedensten Objekte geknüpft. Die in unseren Breitengraden gängigsten sind ihrer Häufigkeit nach zuerst einmal der Wolf, dann folgen Gespenster, Hexen, Krokodile und Diebe. Auch Gestalten aus dem Fernsehen oder aus Büchern können Kinder nachts heimsuchen.

Zu dieser Veränderung des Seelenlebens und Schlafverhaltens kommt hinzu, daß die Kinder nun tagsüber kaum noch schlafen. Ein einjähriges Kind wird etwa zweimal am Tag schlafen, zwei Jahre später dann nur noch einmal und im Alter von vier womöglich gar nicht mehr.

Bewahren Sie auch jetzt Ihre feste Haltung und begleiten Sie das Kind nachts zu seinem eigenen Bett zurück, wenn es Ihre Nachtruhe empfindlich stört. Wenn Sie sein abendliches Kuschelbedürfnis erfüllt haben und es sich Ihrer Zärtlichkeit vergewissert hat, wird es sich sicher aufgehoben fühlen.

Vorübergehende Schlafprobleme

»Seit dem Tod ihres Großvaters will meine Tochter nicht mehr schlafen gehen. Was kann man tun?«
Im Leben der Kinder gibt es Zeiten, in denen sie weniger gut schlafen als sonst. Das kann der Fall sein bei neuen familiären Umständen wie etwa der Geburt eines Geschwi-

31

sters, der Abwesenheit eines Elternteils, Krankheit oder eben dem Tod eines Familienmitgliedes.

Auch wenn es selbst krank ist, wenn es eine Darminfektion hat oder auch zahnt, starken Husten oder Fieber hat, schläft es ausgesprochen schlecht. Dies sind meist schnell vorübergehende Störungen, die nach wenigen Nächten verschwinden. Sie können jedoch auch Auslöser sein für eine anhaltende Schlafstörung, und hier stellt sich die Frage nach den »Mißverständnissen« in der Erziehung und den Grenzproblemen, auf die wir später eingehen (siehe 4. Kapitel).

In der folgenden Tabelle finden Sie einen Überblick über die wichtigsten körperlichen Ursachen für Schlafstörungen bei Ein- bis Vierjährigen, die vorübergehender Natur sind:

»Normale« Schlafprobleme			
Entwicklungsphase	*Alter*	*Gesundheits-störungen*	*»Schlafpro-bleme«*
Postnatale Phase	0–3 Monate	Koliken	abendliches Weinen
Kleinkindzeit	bis 3 Jahre	Zahnwachstum	nächtliches Weinen
		HNO-Infektion	
		Übelkeit	
		Blasen-entzündung	

Auf einen Blick

In jeder Altersstufe des Kindes gibt es für Eltern Grund, sich Sorgen zu machen. Die Veränderungen jedoch, was die Quantität und Qualität des kindlichen Schlafes betrifft, sind nur natürlich und führen in der überwiegenden Zahl der Fälle auch nicht zu Spätfolgen, sondern gehen sozusagen spurlos vorbei. Es sind normale Entwicklungserscheinungen, die weder die physische noch psychische Gesundheit eines Kindes beeinträchtigen. Im Gegenteil, sie zeigen, daß eine Entwicklung vor sich geht. Nicht vergessen darf man, daß Schlafverhalten und Schlafbedürfnis von Kind zu Kind äußerst unterschiedlich sein können. Wie bei Erwachsenen gibt es auch bei Kindern die »Kurzschläfer« und die »Langschläfer«. Und so unterschiedlich das Schlafverhalten von Kind zu Kind ist, so konkret zeigt es bei jedem einzelnen eine Art Profil: Der »Kurzschläfer« wird sein geringeres Schlafbedürfnis beibehalten, während der »Langschläfer« stets mehr Schlaf braucht als der Durchschnitt seiner Altersgenossen.

Und etwas ist ganz sicher, wie wir später im Buch an vielen Beispielen sehen werden:
- Wir haben immer die Möglichkeit, dem Auftreten wirklich ernsthafter Schlafprobleme vorzubeugen; und:
- ein bereits manifestes Schlafproblem läßt sich in der Regel auf einfache Art und Weise lösen.

3 Grundsätzliches zum Umgang mit Schlafproblemen

»Ich bin mir ganz sicher, daß es unmöglich ist, mein Kind ohne Schlaftabletten zum Schlafen zu bringen. Was ist Ihre Meinung dazu?«

Achtung: Täuschen Sie sich nicht. Kindliche Schlafprobleme kann man sehr gut ohne jegliche Medikamente lösen. Ich selbst verschreibe Kindern niemals irgendwelche Sedative. Meiner Meinung nach gibt es dafür überhaupt keinen Grund. Ich sehe nur unerwünschte Folgen: Wenn einem Kind eine Dosis verschrieben worden ist, die das Schlafen wirkungsvoll unterstützt, ist es alles andere als eine Ausnahme, wenn dieses Kind dann tagsüber benommen und wie neben sich wirkt. Es ist vollkommen unakzeptabel, ein Kind, das sich mitten in seiner Entwicklung befindet, mit Medikamenten niederzustrecken. Wenn umgekehrt die vorgegebene Dosis nicht die erwünschte nachhaltige Wirkung zeigt, wird man sich dazu verleitet sehen, sie entsprechend immer mehr zu erhöhen. Und schließlich weiß ich von Kindern zu berichten, die wiederum eine völlig andere, unerwartete Reaktion auf die vom Arzt verschriebenen Sedative zeigten: sie waren noch aufgedrehter und ruheloser als vorher. Ich bin wirklich der Überzeugung, daß man in der überwiegenden Mehrzahl der Fälle ohne irgendein Medikament auskommen kann und möchte im folgenden noch näher darauf eingehen.

Ein Wort vorab

An dieser Stelle sollten wir uns gemeinsam auf die Grundsätze zur Behandlung von Schlafproblemen bei Kindern verständigen. Diese Grundsätze sind, wie wir sehen werden, auf fast alle problematischen Konstellationen des Schlafens anzuwenden, die wir in der Praxis erleben. Dieses Buch zielt letztlich darauf, Sie davon zu überzeugen, daß entsprechende Behandlungsmaßnahmen einfach sind, und vor allem, daß sie letztlich auf dem gesunden Menschenverstand beruhen und auf einigen wenigen Regeln, die für den kindlichen Schlaf wichtig sind zu wissen. Diese einfachen Maßnahmen sind zudem erstaunlich wirkungsvoll.

»Wollen Sie damit sagen, daß es möglich ist, alle Schlafprobleme mit derselben Methode zu kurieren?«
Nein, so pauschal gilt das nicht. Ich denke, wir sollten uns über drei wesentliche Dinge einigen:
1. Die Vorgehensweise mag prinzipiell gleich sein; aber natürlich ist die Situation jeweils eine andere, und entsprechend ist das Vorgehen auf den individuellen Fall abzustimmen.
2. Die Vorschläge, die ich hier mache, sind keinesfalls als starres Diktat zu verstehen. Wir müssen immer das Kind selbst im Auge haben, es beobachten, ihm zuhören, damit seine Situation sich nicht womöglich sogar verschlimmert.
3. Schließlich und endlich müssen wir wissen, daß es kein sogenanntes normales oder unnormales Schlafen gibt. Es gibt viele Situationen, mit denen die einen Eltern gut zurechtkommen und die die anderen nicht ertragen können. Es geht hier also wirklich nicht darum, Grundsätze aufzustellen, die für alle Kinder als Richtschnur dienen sollen.

Lassen Sie mich das an einem Beispiel veranschaulichen: Auf dieser Welt teilt eine große Zahl Kinder das Zimmer, wenn nicht sogar das Bett ihrer Eltern, während es in unseren Breiten Usus ist, daß Kinder in ihrem eigenen Zimmer schlafen. Was ist die Norm?

»Es gibt also bestimmte Regeln, die wir befolgen sollten, damit ein Schlafproblem sich gar nicht erst entwickeln kann?«

Ja und nein. In einigen Fällen kann man dies bestimmt so sagen, aber wie Sie selbst feststellen werden, gibt es eine große Anzahl Kinder, die nie ein Schlafproblem entwickeln, obwohl die Gestaltung des Familienlebens vollkommen konträr zu meinen Ratschlägen erfolgt.

Begegnen wir also dem individuellen Familienleben mit grundsätzlicher Offenheit und vor allem mit Respekt. Daß eine Familie genau das Gegenteil von dem praktiziert, was wir für angeraten halten, ist nicht der Grund dafür, daß ein Kind dieser Familie Schlafprobleme hat. Auch gibt es viele Kinder, bei denen sich keine solche Symptomatik entwickelt, selbst wenn sie gelegentlich aufgrund von Streßsituationen, zum Beispiel Krankheit oder Konflikten in der Familie, einige Nächte schlecht schlafen mögen. Das gleiche gilt, wenn Kinder in einer ängstlichen Phase sind oder sich allgemein nicht ganz wohl in ihrer Haut fühlen: dann schlafen sie auch schlechter. Hier ist es nur normal, das Kind besonders zu umsorgen und es in dieser Zeit sogar im Elternbett einschlafen zu lassen.

Wenn wir also im folgenden von »Regeln« sprechen, dann ist dies sehr weitgefaßt gemeint: als Anhaltspunkte, die Ihnen einen Weg aufzeigen können. Keinesfalls wollen wir irgendein normatives oder verpflichtendes Schlafverhalten postulieren.

Wenn Schlafprobleme sich eingenistet haben

An dieser Stelle kommen wir auf die grundlegenden Behandlungsmaßnahmen von Schlafproblemen, die aus »Erziehungsmißverständnissen« oder mangelnder Grenzziehung, was beides Thema des nächsten Kapitels sein wird, resultieren. Vielleicht kommt es Ihnen paradox vor, daß wir von Lösungen sprechen, wenn die Problemsituationen selbst noch gar nicht auf dem Tisch waren. Aber es ist nicht paradox: Wie bereits erwähnt, gibt es eine Art Basis der Behandlung, die für jegliche Schlafproblematik die gleiche ist. Deshalb also eine zusammenfassende Darstellung vorab, so daß wir uns, wenn wir auf die Probleme und Störungen im einzelnen kommen, die Wiederholung der Grundlagen ersparen können. Außerdem ergibt sich so vor allem ein besseres Verständnis der *Entstehung* dieser kindlichen Schlafprobleme. – In diesem Buch werden Sie immer wieder auf einfache klare Grundsätze stoßen, die zur Herausbildung eines guten und gesunden Schlafverhaltens nötig sind. Dazu sollten Sie vor allem auch das 7. Kapitel lesen, in dem es detailliert um Voraussetzungen und Umstände eines guten Schlafes geht.

Zunächst einmal zwei Dinge – eigentlich zwei Schritte –, die Sie zuallererst und in dieser Reihenfolge tun sollten, da sie für eine erfolgreiche Behandlung grundlegend sind:

1. Wenn beide Elternteile davon überzeugt sind, daß die Situation, aus der heraus es zu einem problematischen Schlafverhalten ihres Kindes gekommen ist, geändert werden muß, dann ist ein Gutteil des Problems schon gelöst. Wenn das Gegenteil der Fall ist, wenn also ein Elternteil sich einer Änderung der Situation aktiv oder, was weit häufiger ist, passiv entgegenstellt, dann ist die Aussicht auf

Erfolg sehr klein. Die Übereinstimmung der Eltern in diesem Punkt ist also eine Grundvoraussetzung.
2. Im zweiten Schritt heißt es, egal welches Alter das Kind hat, mit ihm zu sprechen. Man erklärt ihm, was man von ihm erwartet und wie man ihm dabei helfen wird, gut zu schlafen. Dieser Schritt ist genauso wichtig wie der erste! Wir können die Bedeutung des Redens und der Kommunikation mit dem Kind gar nicht hoch genug einschätzen, und das gilt, wie gesagt, für *jedes* Alter. Es ist überhaupt nicht umsonst oder gar lächerlich, mit einem Neugeborenen zu reden. Vom Babyalter an verstehen Kinder sprachliche Mitteilungen weit mehr und weit besser, als wir es glauben, unabhängig von seinem eigenen Ausdrucksvermögen und seiner Sprachkompetenz.

Erfahrungsgemäß zeigt schon ein nur wenige Monate alter Säugling in seinem Verhalten sehr bald Reaktionen auf die sprachlichen Botschaften. In meiner Praxis erlebe ich oft, wie Säuglinge reagieren, wenn ich mit den Eltern davon spreche, daß Umstände und Schlafgewohnheiten verändert werden müssen: Sie fangen zum Beispiel plötzlich an zu weinen, oder sie drehen sich weg und vergraben ihr Gesicht an der Brust der Mutter. Andere werden unruhig und zappelig und machen den Eindruck, am liebsten sofort das Behandlungszimmer verlassen zu wollen.

Nach einer ersten Konsultation, in der dem Kind die Situation dargelegt und erklärt wurde, kann man oft nur staunen über die spektakuläre Wendung: Es ist vorgekommen, daß noch am gleichen Abend das Kind in seiner Wiege oder seinem Bettchen eingeschlafen ist, als wäre ein Sandmännchen gekommen oder eine Fee mit ihrem Zauberstab.

Auf die Intelligenz und den guten Willen Ihres Kindes zu bauen kann selbst im aussichtslos scheinenden Situationen Wunder bewirken. Reden trägt oft zur Heilung bei.

Kinder zur Selbständigkeit anleiten

»Das wäre ja wunderbar, perfekt ... Aber wie kriege ich mein Kind dazu, selbständig einzuschlafen?«

Idealerweise fängt man so früh wie möglich damit an, einem Kind beizubringen, selbst in den Schlaf zu finden. Das heißt, man legt es noch wach und mit offenen Augen hin und läßt es dann allein. Wenn das Kind an eine Prozedur gewöhnt ist, die es nicht autonom sein läßt – beispielsweise wenn es in den Schlaf gewiegt werden muß oder nur beim Trinken einschläft –, braucht es Ihre Hilfe, um diese Gewohnheiten abzulegen.

Sie könnten folgendermaßen vorgehen:

- Reden Sie mit dem Kind und erklären Sie ihm, was Sie jetzt tun, damit es einschläft, und warum.
- Lassen Sie Ihr Kind spüren und lernen, daß Sie seinem Verhalten Grenzen setzen. Diese Grenzen müssen bei der Einschlafsituation eingehalten werden, und sie müssen selbstverständlich auch für die Nacht weiter gelten – desgleichen für die folgenden Abende und Nächte.
- Schließlich setzen Sie das, was Sie gesagt haben, in Handlung um. Das heißt, das Kind wird wach in sein Bett gelegt und schließlich sich selbst überlassen: Die Eltern verlassen das Zimmer, in dem das Kind einschlafen und schlafen soll.

Natürlich wird das Kind in den allermeisten Fällen lautstark kundtun, daß diese Prozedur nicht das ist, was es bisher gewohnt war. Es wird die gewohnten Umstände wiederhaben wollen. Es wird weinen und in seinem Bettchen keine Ruhe geben. Nun gibt es mehrere Möglichkeiten zu reagieren. Welche Lösung für Sie als Eltern am besten paßt, hängt von Ihnen und Ihrer Familiensituation ab.

Die Methode »Das spielt sich schon ein«

Mitunter wird Eltern der Ratschlag gegeben, Geduld zu haben: mit der Zeit würde sich alles von selbst wieder einrenken. Eltern, deren Kinder unter vorübergehenden Schlafproblemen leiden, zum Beispiel aufgrund von Verdauungsschwierigkeiten oder weil sie sich in einer besonderen Entwicklungsphase befinden wie der Trotzphase, kann man nichts besseres raten.

Auf die Heilungskräfte der Zeit zu setzen kann andererseits aber auch eine unnötig lange, manchmal jahrelange Leidensphase für das Kind wie für die Eltern bedeuten. Manche Schlafprobleme sind vier bis fünf Jahre akut, wie etwa die aufgrund von Nahrungsmittelunverträglichkeiten. Andere können sogar noch länger andauern, wie wir später sehen werden. Auch muß man bedenken, daß ein vorübergehendes Schlafproblem nicht selten das Gesamtverhalten des Kindes beeinträchtigt, so daß es zu Konfliktstoff in der Erziehung kommt. Ein Schlafproblem zu haben heißt also nicht nur, eine bestimmte Zeit schlecht zu schlafen, sondern es wirkt sich auch längerfristig und auf anderes aus.

Die Methode »Gemeinsam schlafen«

Gerade in der Säuglingszeit, wenn ihr Kind noch nicht ein Jahr alt ist und es schwer alleingelassen werden kann, greifen viele Eltern zu der Lösung des gemeinsamen Einschlafens. Abends legt sich ein Elternteil mit dem Baby in seinem Kinderzimmer zusammen hin und schläft dort auch während der Nacht. Die Mutter oder auch der Vater, der sich dort mit einquartiert hat, muß gar nicht mit dem Kind reden: die bloße Anwesenheit gibt dem Kind ein Gefühl der Sicherheit beim Einschlafen oder auch wenn es nachts aufwacht.

Diese Methode ist ausgesprochen erfolgreich, und sie beschert den Eltern sehr schnell ruhige Nächte. Meistens spielt sich das ganz spontan in der Familie so ein. Sie hat jedoch einen Nachtteil: fordert sie doch zuerst einmal, daß die Eltern ihre Nächte nicht mehr gemeinsam verbringen. Diese erzwungene Trennung wird von manchen Paaren als zusätzliche Belastung empfunden.

Es gibt auch die umgekehrte Lösung: Das Kind schläft im Zimmer der Eltern, so daß es ihre Anwesenheit nicht vermissen muß und das Paar nachts gemeinsam schläft. Dies ist weltweit sehr verbreitet und für viele selbstverständlich.

Ein Problem kann dann auftauchen, wenn die Eltern irgendwann beschließen, diese Schlafsituation zu ändern und das Kind in einem eigenen Zimmer schlafen zu lassen. Bei einigen Kindern geht das reibungslos, andere hingegen wehren sich dagegen und wollen sich das gewohnte Schlafritual nicht nehmen lassen.

Die Methode »Gute Nacht und Tür zu«

Diese Methode beruht darauf, daß die Eltern abends nicht zu dem Kind hingehen, so sehr es auch schreien mag. Irgendwann wird das Weinen sich beruhigen, auch wenn dies Stunden dauern kann. In zahlreichen Fällen haben die Eltern damit Erfolg und erreichen es, daß ihr Kind nach einigen Nächten Ruhe gibt und gut einschläft. Diese Methode ist wirksam und sie hat den Vorteil, einfach und eindeutig zu sein.

Aber es gibt zwei problematische Aspekte dabei:

1. Die Eltern können sich nicht vergewissern, wie es dem Kind während der ganzen Zeit seines Weinens oder Schreiens geht: ob es sich nicht bloßgestrampelt hat

oder ob es sich gar erbrochen hat oder sich beim Schluch-
zen verkrampft. Wenn ein Kind dazu neigt, ist dies ein
gravierender Punkt, den man bedenken muß.

2. Es kann auch passieren, daß die Eltern sich schuldig fühlen und ganz unglücklich darüber sind, ihr Kind einfach
schreien zu lassen, ohne etwas zu unternehmen. Oft
geschieht es dann, daß sie doch nach einiger Zeit zu
ihrem immer noch wachen Kind hineingehen und es
hochnehmen. Damit wird die Situation jedoch nur
schlimmer, denn jetzt weiß das Kind, daß es völlig zurecht mit dieser Hartnäckigkeit nach seinen Eltern verlangt hat. Wenn die Gefahr besteht, daß durch das anhaltende Schreien obendrein noch Nachbarn belästigt
werden, ist das Risiko, daß die Eltern nachgeben, um so
höher.

Die Methode »Schritt für Schritt«

Diese Methode ist eine Art Kompromiß zwischen den beiden ersten, und sie ist altbewährt. Das Ziel ist, dem Kind beizubringen, eine immer längere Zeit beim Einschlafen sich
selbst überlassen zu sein. Dies erlaubt den Eltern gleichzeitig, sich zwischendurch zu vergewissern, wie es ihm dabei
geht.

Hier gibt es viele verschiedene, von Familie zu Familie
weitergegebene Vorgehensweisen, »Formeln« in gewisser
Weise, die mehr oder weniger kompliziert sein können. Die
»Schritt für Schritt«-Formel, die wir Ihnen hier ans Herz
legen möchten, ist denkbar einfach. Sie lautet »5-10-20« und
funktioniert so:

1. Schritt: Nach Ihrer abendlichen »Ansprache« – Sie erklären dem Kind, was jetzt passiert, daß Sie es schlafen legen
und dann gehen (vgl. S. 39) – und dem Gute-Nacht-Ritual

(vgl. 1. Kapitel) bringen Sie Ihr Kind noch wach ins Bett und verlassen das Zimmer. Wenn es weint, warten Sie *5 Minuten* draußen vor der Tür.

2. Schritt: Nach den 5 Minuten betritt ein Elternteil das Zimmer wieder, geht zum Kind, sagt ihm ruhig, daß es alleine einschlafen muß, und verläßt dann das Zimmer wieder. Dabei wird das Kind nicht berührt, nicht gestreichelt oder auf den Arm genommen, und es bekommt auch nichts zu trinken. Wenn es weiterhin weint, warten die Eltern wiederum vor der Tür, diesmal doppelt so lange, also *10 Minuten*.

3. Schritt: Nach den 10 Minuten wiederholen Sie den 2. Schritt, und wenn Ihr Kind weiter weint, warten Sie jetzt *20 Minuten*, bevor Sie wieder hineingehen.

4. Schritt: Gehen Sie nach den 20 Minuten wieder zu Ihrem Kind, vergewissern Sie sich, daß es ihm gutgeht, und gehen Sie wieder hinaus. Hält das Weinen an, machen Sie dies weiterhin *alle 20 Minuten*, bis es eingeschlafen ist. Das heißt, Sie erhöhen die Wartezeit also nicht mehr!

Wacht Ihr Kind mitten in der Nacht auf und kann nicht wieder einschlafen, wenden Sie dieselbe Taktik an.

Die Methode des voranschreitenden Lernens ist uralt, und es sind, wie gesagt, zahlreiche Varianten im Umlauf: Manche Eltern setzen andere Zeitspannen fest und warten zum Beispiel nach der Formel 10-20-30. Andere wiederum variieren die Formel je nach Alter und je nach Umständen, wie es dem Kind momentan geht.

Unsere Variante 5-10-20 gehört zu den einfachen und hat sich als ausgesprochen erfolgreich bewährt. In der Regel dauert es ein bis vier Nächte, die anstrengend sein können, aber dann schläft das Kind alleine und ohne zu schreien ein, und es schläft durch. Ist das einmal erreicht, wird das Schlafverhalten konstant so bleiben. Und noch etwas steht fest: Sie kommen mit dieser Methode selbst dann zum Erfolg, wenn die Probleme und Schwierigkeiten beim Schlafengehen schon seit Monaten, selbst seit Jahren bestehen!

Eine räumliche Grenze setzen

»Wenn ich mache, was Sie empfehlen, dann kann ich sicher sein, daß mein Kind einfach aufsteht und nicht in seinem Zimmer bleibt. Und was mache ich dann?«

Es kann sein, daß die empfohlene Vorgehensweise durch ganz konkrete Maßnahmen ergänzt werden muß, die dem Kind in seinen Aktionen Grenzen setzen. Was den oben geschilderten Fall anbelangt, rate ich dazu, die Tür abzuschließen. Und zwar erklären die Eltern dem Kind, daß sie selbst es nicht gut finden, die Tür zu verschließen und daß sie es in dem Moment nicht mehr tun werden, in dem es verspricht, im Bett bzw. im Zimmer zu bleiben. Diese Maßnahme, wohlgemerkt als Ergänzung zu der »Schritt für Schritt«-Methode, hat sich in der Praxis bewährt.

Das »magische Schlafheft«

»Wie kann ich wissen, ob meine Methode auch wirklich Erfolg haben wird?«

Ich empfehle bei praktisch allen Methoden, für die Eltern sich entscheiden, eine Art Schlafprotokoll zu führen, ein »magisches Schlafheft«, wie Sie es am Ende dieses Buches finden (siehe auch S. 232f., nähere Erläuterungen dazu S. 230f.). Seinen »magischen« Effekt entwickelt dieses

Schlafheft in mehrerer Hinsicht: Es beschreibt die Situation so, wie sie sich tatsächlich bei Ihnen zu Hause abspielt. Es ist Ihr Verbündeter und objektiver Zeuge einer Entwicklung, die sich zum Positiven wendet, selbst wenn Sie dies möglicherweise aufgrund Ihrer Erschöpfung, Überreiztheit oder Zweifel gar nicht wahrnehmen. Die Fortschritte buchstäblich vor Augen zu haben hat einen therapeutischen Effekt auf Ihre Zuversicht und Überzeugung, was sich wiederum positiv auswirkt. Etwas größere Kinder erleben diese magische Wirkung selbst, wenn sie mitverfolgen, wie die »Schlafkästchen« sich Tag für Tag füllen und ihren Fortschritt dokumentieren. So ziehen Eltern und Kinder an einem Strang, und es scheint tatsächlich wie von Zauberhand, daß das Schlafheft Zeuge und zugleich ein förderlicher Faktor dieses heilenden Prozesses ist.

Rückschläge

»Wenn ich genau befolge, was Sie sagen, wird mein Kind dann wirklich nachts immer durchschlafen?«
Natürlich kann es vorkommen, daß ein Kind die Entschlossenheit seiner Eltern prüft und von neuem seine Grenzen auslotet, indem es abends oder auch in der Nacht wieder zu weinen anfängt. In solchen Fällen sollten Sie Ihre Strategie wieder von vorne beginnen, oder Sie versuchen eine andere Variante. Für welche auch immer Sie sich entscheiden: Sie machen Ihrem Kind Ihre Entschlossenheit klar – und wiegen es damit gleichzeitig in Sicherheit –, daß Sie ein Ziel verfolgen und deswegen seinem Verhalten Grenzen setzen.
Aber auch hier ist die Flexibilität wichtig. Wenn ein Kind krank ist oder es ihm aus sonst einem Grund momentan

nicht gut geht, soll man sich nicht auf Regeln versteifen, sondern dem Kind alle Wärme und Fürsorglichkeit geben: Pech für die Prinzipien, es regiere Ihr Verstand und Gefühl.

Haben Sie Bedenken, in das Schlafverhalten Ihres Kindes regulierend einzugreifen?

Gute Gründe, um Skrupel zu empfinden

Mir ist klar, daß Sie sich vielleicht denken werden, daß Ratschläge auszuteilen leicht ist. Und es finden sich ja auch wenige, die sich guter Ratschläge enthalten. Die Familie, Nachbarn, Freunde, sie alle haben eine definitive und maßgebliche Meinung dazu, was man macht mit einem Kind, das nicht schlafen will. Meinungen, die sich oft grundsätzlich widersprechen. Bei all dem dürfen Sie, die Eltern, Ihr eigenes Gefühl nicht mißachten.

Für welche Behandlung auch immer Sie sich entscheiden – Sie können ein großes Unbehagen dabei empfinden. Wenn ein Kind hinter verschlossener Tür weint oder schreit und die Nacht sich quälend minutenweise dahinzieht, fühlen viele Eltern sich elend, wenn sie nicht zu ihrem Kind gehen und es trösten. Bei manchen Eltern kommt Wut hoch – gegen sich selbst oder gegen den Partner –, nichts gegen die Schreierei machen zu können. Oder es packt einen die Wut auf das Kind selbst, daß es sich so aufführt. Es gibt Eltern, die zugeben müssen, daß sie fast – oder tatsächlich – gewalttätig geworden sind, so sehr waren sie außer sich, müde und am Ende mit ihren Nerven. Sie konnten das Weinen einfach nicht mehr ertragen.

46

Auch das erst einmal gesteigerte Weinen, das die elterliche Maßnahmen bewirken können, kann bei manchen die ohnehin bestehende Unsicherheit noch erhöhen. Das Weinen wird vielleicht auch Erinnerungen an Kummer und Unglück in der eigenen Kindheit wachrufen oder Ängste hervorrufen, daß das Kind Sie als Mutter oder Vater nicht mehr liebhaben könnte: richtige Verlustängste können Sie plagen.

Welche Haltung können Sie einnehmen?

Denken Sie immer daran, daß ein müdes Kind kein glückliches Kind ist. Dazu beizutragen, daß Ihr Kind gut schläft und sich wohler fühlt, ist auch eine Form, es zu lieben.

»Wie wird mein Kind sich fühlen, wenn ich es abends oder nachts einfach schreien lasse? Wird es nicht traumatisiert werden?«
Wenn ein Kind gegen Grenzen rebelliert, die sich vor ihm aufbauen, wird es sich in starkem Maße sicher fühlen: die Mauer, gegen die es anrennt, ist eine Mauer, die es vor der Außenwelt schützt – und vor sich selbst. Ein Kind, das gelernt hat, Grenzen zu akzeptieren und sie nach und nach in seine Welt zu integrieren, ist ein Kind, das fähig ist, Maßstäbe und Leitpunkte für sein Verhalten zu sehen und sich auf diese Weise aufzubauen: zu entwickeln. Es wird ein Kind sein, das sicher ist. Keine Anhaltspunkte zu haben verwirrt Kinder. Kinder, die wissen, was man von ihnen erwartet, sind zufriedenere Kinder, und sie sind glücklicher.

Seien Sie unbesorgt: Ihr Kind wird Ihnen nicht seine Liebe entziehen, selbst wenn es frustriert ist. Ein Kind, das das Recht für sich entdeckt, auf seine Eltern wütend zu sein, die in ihrem Verhalten klar und stimmig sind, ist ein zufriedenes und glückliches Kind.

4 Erziehungsbedingte Ursachen von Schlafstörungen

Wir kommen nun zu Fällen von richtiger Schlaflosigkeit bei Kindern. Ich werde Ihnen Geschichten erzählen, die manchmal nahezu lustig scheinen, und manchmal regelrecht tragisch sind. Alle aber sind real, und sie spiegeln das Leid der Familien wieder.

Zu den Geschichten werden Sie Lösungsmöglichkeiten finden, die wir auf die jeweilige Situation zugeschnitten haben. Jeden Abend das gleiche Problem – so sieht das Familienleben in der Praxis extrem häufig aus! Und aus meiner Sicht ist niemand dafür verantwortlich oder gar schuldig, daß es so gekommen ist. Im Gegenteil, alle in der Familie sind ein Opfer der Situation, und sie leiden gleichermaßen darunter. Aber wie gesagt, diese für alle schwierigen Konflikte lassen sich glücklicherweise meist auf einfache Art lösen.

Meiner Erfahrung nach kann man die am häufigsten auftretenden Schlafprobleme zum einen in die Gruppe der »Mißverständnisse« und zum anderen in die der »Grenzkonflikte« einteilen.

Bei der ersten Variante legen sich die Eltern – und auch die Kinder selbst – ein bestimmtes, leider aber falsches Verhalten und Vorgehen in Bezug auf das Schlafen zurecht. Im besten Glauben bauen sie auf ihre Strategie, die aber ihrerseits Gewohnheiten erzeugt, die eine nächtliche Schlaflosigkeit nur noch verstärken.

In der zweiten Gruppe finden sich Eltern, denen es aus welchen Gründen auch immer unmöglich ist, nein zu sagen, und die dem Kind folglich keine Grenzen setzen. Ohne es zu wollen, erlauben sie ihm damit, dem Schlaf abträgliche Gewohnheiten zu entwickeln.

»Mißverständnisse« in der Eltern-Kind-Beziehung

Ich beginne mit der ersten Gruppe, den »Mißverständnissen«, die die weitaus häufigste Ursache für ernsthafte Schlafprobleme sind: Alles Erdenkliche wird getan, damit das Familienleben gut läuft und das Kind schläft, und doch wird alles immer schlimmer. Die familiäre Kommunikation basiert auf einem Mißverständnis, das heißt, sie funktioniert nicht mehr.

Wie entsteht ein Mißverständnis?

Im allgemeinen steht der Wunsch der Eltern am Anfang, auf die Bedürfnisse des Kindes einzugehen, der jedoch dazu führt, daß ihr Kind Schlafprobleme entwickelt und diese womöglich dauerhaft werden. Um zu verstehen, wie es dazu kommen kann, muß man etwas Grundsätzliches zum Schlafen wissen. Denn ohne diese »goldene Regel« kommt es zu diesem paradoxen Mißverständnis, daß man im besten Glauben genau das Falsche tut.

Wie wir bereits gesehen haben, ist es vollkommen normal, daß ein Baby oder Kleinkind nachts mehrmals aufwacht und dann wieder einschläft. Die »goldene Regel« besagt nun, daß ein Kind genau die Umstände, an die es am Abend beim Einschlafen gewöhnt ist, auch nachts braucht, wenn es aufwacht und wieder einschlafen soll. Kurz: Ein Kind findet nachts so wieder in den Schlaf zurück, wie es am Abend hineingefunden hat.

Wenn das Kind also drei- bis siebenmal in der Nacht aufwacht, muß es genau dieselben Umstände zum Wiedereinschlafen vorfinden wie beim ersten Einschlafen am Abend. Deshalb wird ein Kind, das abend alleine in seinem Bettchen einschläft, in der Regel selbständig, ohne elterliche

49

Hilfe und auch ohne Hilfe eines »Stellvertreters« wie Nuk-
kelflasche oder Schnuller leicht und ohne Probleme wieder
einschlafen können.

Nehmen wir den umgekehrten Fall, wenn also das Kind
im Arm der Mutter oder des Vaters einschläft oder im Bett
der Eltern oder während es noch gestillt oder mit der Flasche gefüttert wird: Nach dem Einschlafen in sein Bettchen
gelegt, wacht es nun also ganz normal nach ein bis zwei
Stunden wieder auf. Das Kind findet nichts von den Umständen wieder, die es beim Einschlafen hatte und die es
braucht, um auch jetzt wieder einzuschlafen. Also macht es
auf sich aufmerksam und weint, um sich die gewohnten
Einschlafbedingungen zu verschaffen. Das führt dazu, daß
das Kind seine Nacht im Bett der Eltern verbringt, oder auf
deren Arm oder mit ein, zwei Litern Flüssigkeit im Bauch.

Hier heißt es also, die Einschlafprozedur dahingehend
zu ändern, daß ein Kind nachts autonom ist und von ganz
alleine bei seinem nächtlichen Aufwachen wieder in den
Schlaf finden kann.

Typische Situationen

An Beispielen aus meiner täglichen Praxis möchte ich nun
veranschaulichen, wie solche Eltern-Kind-Mißverständnis-
se im Alltag ihren Gang nehmen. Selbst wenn Sie über den
einen oder anderen Weg, den Eltern manchmal beschreiten,
lächeln mögen oder ihn seltsam finden: Vergessen wir nicht,
daß es für die Betroffenen, Eltern wie Kindern, immer mit
Qual verbunden ist.

Nächtliche Buggyfahrten

Jacques ist elf Monate alt. »Schon immer« wachte er
mindestens fünfmal die Nacht auf, und zwar zwischen

ein Uhr nachts und sechs Uhr morgens. Auch ein leichter Beruhigungssaft und homöopathische Mittel konnten nichts ausrichten.

Bei jedem Weinen sind die Eltern aufgestanden, haben ihr Kind hochgenommen und in den Kinderwagen gelegt. Jacques wurde dann so lange hin- und hergeschoben, bis er wieder eingeschlafen war. Und dann wurde er ganz vorsichtig wieder in sein Bettchen zurückgebracht. Etwa eine Stunde später begann das Spiel von vorne.

Diese Prozedur wurde eingeführt, als Jacques sechs Monate alt war und unter Koliken litt; nur durch die schaukelnden Bewegungen im Kinderwagen ließ er sich beruhigen. Die Erwartung, daß er auch auf andere Weise in den Schlaf fände, hatten die Eltern schon aufgegeben. Deshalb verbrachten sie seit Monaten einen Großteil ihrer Abende und Nächte damit, ihr Kind in der dunklen Wohnung herumzukutschieren.

Jacques war noch nicht ein Jahr alt, aber es kann sein, daß Gewohnheiten dieser Art gut und gerne über das Babyalter hinaus auch noch im zweiten Lebensjahr beibehalten werden müssen.

Nur im Arm der Mutter

Anne ist jetzt drei Jahre alt, ein, wie man sagt, »sehr temperamentvolles« Kind. Sie schreit los und macht ein schreckliches Theater, wenn etwas gegen ihren Willen geht. In meinem Wartezimmer bekommt sie einen so ungeheuren Wutanfall, daß alle vollauf damit beschäftigt sind, sie irgendwie zu beruhigen. Es kommt vor, daß sie bei diesen Wutausbrüchen den Kopf gegen den Boden schlägt oder sich das Gesicht fast blutig kratzt.

Nachts stehen die Dinge noch schlimmer. Seit sie zwei Monate alt ist, hat Anne im Prinzip keine einzige

Nacht durchgeschlafen. Das abendliche Einschlafen passiert im Arm der Mutter, wenn sie endlich Müdigkeitsanzeichen zeigt. Oft kann ihre Mutter sie erst nach 23 Uhr vorsichtig in ihr Bettchen legen. Anne schläft mittlerweile im Zimmer der Eltern, die dies für die einfachste Lösung hielten, um nachts immer bereit zu sein.

Gegen ein Uhr nachts wacht Anne wieder auf. Sie fängt an zu weinen und beruhigt sich schließlich im Arm der Mutter, die sie wiegt und im Zimmer herumträgt. Dies wiederholt sich zu jeder Stunde bis um fünf Uhr morgens, alle Nächte sind auf diese Art belegt. Die Eltern sind erledigt, wie sie sagen. Die Frau erwartet das zweite Kind und hat nun Angst, daß es so wird wie bei Anne. Beide Elternteile haben verschiedene Methoden ausprobiert, ihre Tochter zu beruhigen, aber umsonst. Sie haben ihr Tees gegeben, Beruhigungsmittel, Antihistamine. Sie haben sogar einen Rutengänger kommen lassen. Anne schrie abends und nachts weiter, wenn sie nicht auf dem Arm gewogen wurde, und nur dort schlief sie dann langsam ein.

Es gibt auch Kinder, die die Angewohnheit haben, nur an der Brust oder mit der Nuckelflasche im Mund einzuschlafen. Diese Stimulation brauchen sie am Abend genauso wie in der Nacht – ohne das kein Schlaf. Wie in unserem nächsten Beispiel:

Das Flaschenkind

Florence ist fünf Jahre alt, und seit ihrer Geburt hat sie keine Nacht durchgeschlafen. Gegen acht Uhr abends wird sie schlafen gebracht, ihre Mutter sitzt neben ihr auf der Bettkante. Florence trinkt zum Einschlafen ein 250 ml-Fläschchen mit Apfelsaft. Gegen Mitternacht wacht sie wieder auf, und dann ungefähr alle anderthalb Stunden wieder. Jedesmal trinkt Florence etwa 50 bis 100 ml aus einer der vier Fläschchen, die auf ihrem Nachttisch bereitstehen. Und jedesmal, also zwei- bis dreimal in der Nacht, probiert sie, sich dabei bei der Mutter ins Bett zu mogeln, wird jedoch von ihr immer wieder mit der Flasche zurück ins Kinderzimmer gebracht. Tagsüber ist Florence müde, sie gähnt und macht einen abwesenden Eindruck.

Die Eltern waren mit Florence bei mehreren Ärzten, die dem Kind homöopathische Mittel und Säfte auf pflanzlicher Basis verordnet haben. Sie haben schließlich sogar um den priesterlichen Beistand ihrer Gemeinde angesucht und Gebete gesprochen. Aber nichts hat sich am Schlaf von Florence gebessert.

Das Mißverständnis darüber, wie Florence am besten einschläft, liegt in Florences Angewohnheit, beim Einschlafen trinken zu müssen und demzufolge im Verlauf der Nacht bis zu einem Liter Saft zu brauchen. Die Eltern müssen folglich Nacht für Nacht parat stehen, um ihrer Tochter zu trinken zu geben. Andernfalls würde sie nicht wieder einschlafen können, und die Situation wäre noch schlimmer.

Ich habe Familien erlebt mit Zwillingen, die sich beim regelmäßigen nächtlichen Schreien regelrecht abgelöst haben und ohne etwas zu trinken nicht wieder eingeschlafen sind. So gaben sich die Eltern wie Staffelläufer die Fläschchen in die Hand, um ihre schlaflosen Zwillinge mit Trinken zu versorgen.

Es kann noch andere Formen oraler Stimulation geben, die ein nächtliches Aufwachen bedingen oder es begleiten. Zum Beispiel der Schnuller. Das Kind schläft mit dem Schnuller im Mund ein und verliert ihn während des Schlafes. Wenn es nachts dann kurz aufwacht und wieder einschlafen will, findet es seinen Schnuller nicht, wacht richtig auf, fängt an zu weinen und gibt nicht eher Ruhe, bis man ihm den Schnuller wieder in den Mund gesteckt hat. Eltern haben mir erzählt, daß sie, sobald sie nachts von der Weinerei geweckt werden, sich einen der Ersatzschnuller nehmen, die auf ihrem Nachttisch bereitliegen, ihn in Honig tauchen und dem Kind zum Nuckeln geben, das dann fast sofort wieder einschläft.

Diese Art von irrtümlicher Lösung verknüpft natürlich auf engste eine orale Stimulation mit dem Einschlafen. Fehlt diese, kann das Kind nach den nächtlichen Wachmomenten nicht wieder einschlafen.

Eltern probieren manchmal alles Mögliche aus, damit ihr Kind endlich schlafen kann. Hier die Geschichte einer Familie, deren Kind aufgrund eines häufigen Mißverständnisses – dem andauernden Ausprobieren anderer Einschlafsituationen – nicht schlafen konnte:

Mal hü, mal hott

Die Eltern von Louise führten Einschlafgewohnheiten für sie ein, die sich gegenseitig widersprachen. Einmal ließen sie das Licht brennen, ein andermal sollte Louise im Dunkeln einschlafen. Einmal blieb die Tür auf, dann wieder wurde sie geschlossen.

Die Eltern ließen einen Rutengänger kommen, der eine Wasserader ausgemacht haben wollte und ihnen empfahl, das Kinderzimmer in einen anderen Raum zu verlegen. Dann haben sie es mit einem Beruhigungssaft am Abend versucht. Sie haben einen Chiropraktiker konsultiert, um die »Hirnströme« des Kindes »zu deblockieren«. Sie waren mit Louise bei einem Homöopathen in Behandlung, und sie haben auf Raten eines Kinderarztes auch die Ernährung umgestellt und ihr keine Kuhmilch mehr gegeben. Nichts hat geholfen.

So kamen sie aus lauter Verzweiflung in meine Sprechstunde, weil sie ohnehin »nichts zu verlieren« hätten.

Welche Auslöser kann es geben?

Im allgemeinen kann man keinen exakten Moment bestimmen, an dem Schlafschwierigkeiten tatsächlich angefangen haben. Zu der verfahrenen Situation, daß die Eltern alles tun, damit das Kind schläft, aber genau das Gegenteil passiert, kann es bereits in den ersten Tagen nach der Geburt des Kindes kommen, oder auch erst sehr viel später.

In einigen wenigen Fällen ist ein konkretes Ereignis mit dem Beginn der Schlafprobleme verbunden. Aber dieses Ereignis ist nicht eigentlich die Ursache, sondern ein auslösendes Moment, das zu Reaktionen und Verhaltensweisen führt, die wiederum die Schlafproblematik befördern. Es kann zum Beispiel eine Krankheit sein, während derer die Eltern sich auf andere Art um das Kind kümmern und es versorgen. Manchmal ist es ein Urlaub, der das gewohnte Familienleben durcheinanderbringt, wenn während einiger Wochen auf ungewohnt engem Raum gewohnt und geschlafen wird und die Beziehungen der Familienmitglieder untereinander verändert sind. Auch die Geburt eines weiteren Geschwisters kann das bis dahin gewohnte Familiengefüge durcheinanderbringen. Der alltägliche Lebensrhythmus ist gestört, und alle in der Familie tun ihr möglichstes, um dem Alltag das verlorene Gleichgewicht zurückzugeben. Und so ist der Boden für kommunikative Mißverständnisse bereitet.

Solche Mißverständnisse können bereits seit Geburt bestehen, oder aber sie tauchen in bestimmten Entwicklungsphasen auf, zum Beispiel in der Phase, in der das Kind – und damit sein Schlafverhalten – eine erhöhte Sensibilität für seine Umgebung entwickelt. Auf diesen Aspekt wurde im 2. Kapitel hingewiesen, wo wir auch gesehen haben, daß ein Kind zwischen dem sechsten und dem zwölften Lebensmonat weniger gut schlafen kann, als es dies im ersten halben Jahr getan hat, und daß es stärker auf etwaige Veränderungen im Familienleben reagiert. Hierzu nun ein Beispiel:

Achtung: Urlaub!

Mathieus Schlaf hatte sich in der 7. Lebenswoche eingependelt, und seither schlief er gut. Als er 10 Monate alt war, verbrachte die Familie ihre Ferien am Meer. Mathieu schlief während dieser zwei Wochen mit seinen Eltern in einem Zimmer, und alles ging wunderbar. Nachdem sie jedoch wieder zu Hause waren, hatte Mathieu Schlafprobleme, die die Eltern ziemlich beunruhigten. Er schlief zwar ohne weiteres in seinem Zimmer ein, wachte jedoch jetzt sechs- bis achtmal in der Nacht weinend auf. Jedesmal kamen die Eltern zum Trösten, damit ihr Kind wieder einschlafen konnte. Diese Probleme hielten schon einen Monat lang an, als die Eltern schließlich ärztlichen Rat suchten, weil sie befürchteten, daß etwas mit ihrem Sohn nicht in Ordnung sei. Die körperliche Untersuchung war jedoch völlig ohne Befund, Mathieu war ein fröhlicher kleiner Kerl, der rundum gut zu haben war – bis auf seine Probleme beim Schlafen.

Dieses Schlafproblem ist in Wahrheit eine neue Gewohnheit, die er in den Ferien angenommen hat und die für ihn jetzt eine »normale« Gewohnheit geworden ist: ein Mißverständnis, das sich um so leichter hat festsetzen können, weil Mathieu im sensiblen Alter von zehn Monaten war. Seit den Ferien hat Mathieu entgegen den Absichten der Eltern geglaubt, daß die neue »Schlafregel« nun lautet: gemeinsam im Zimmer mit den Eltern. Und wenn er nachts aufwachte, fand er diese Regelung auch schöner und fühlte sich geborgener.

Schlafprobleme können sich auch durch äußere Umstände entwickeln, die mit der Familie selbst nichts zu tun haben. Es kann zum Beispiel eine Zeitumstellung sein, etwa von der Sommer- auf die Winterzeit. Daß hier vorübergehende Irritationen in den Schlafgewohnheiten auftreten, ist sehr wahrscheinlich. Die Eltern werden also versuchen, eine Lösung für die schwierige Situation zu finden, und unglücklicherweise setzen sie damit unter Umständen erst recht ein Mißverständnis in die Welt.

Die leidige Zeitverschiebung

Kenny ist bald zwei Jahre alt, und bisher hat er immer wunderbar geschlafen, das heißt bis zum März dieses Jahres. Seit der Umstellung auf die Sommerzeit hat er Schwierigkeiten, sich an seine neuen Schlafzeiten zu gewöhnen und schläft seitdem schlecht. In den ersten Nächten nach der Umstellung weigerte sich Kenny, zu einer Zeit einzuschlafen, die ihm zu früh erschien. Das hätte sich nach und nach einspielen können, wie es in vielen Familien der Fall ist. Aber nicht bei Kenny, denn seit er weint oder sich wehrt, wenn er ins Bett gebracht wird, nimmt seine Mutter ihn auf den Arm und versucht ihn zu trösten und zu beruhigen. Jetzt sind es schon sechs Monate, daß Kenny anfängt zu weinen, sobald er ins Bett gebracht wird. Nur auf dem Arm kann er gut einschlafen. Und nachts wacht er drei- bis fünfmal auf und schläft auch dann erst wieder im Arm seiner Mutter ein.

Sobald Kenny anfängt zu weinen, wird er auf den Arm genommen. Seine Mutter will ihm helfen, in den Schlaf zu finden. Aber der Effekt ist, daß er nur noch im Arm der Mutter einschlafen kann, abends wie auch nachts.

Es gibt tatsächlich gute Gründe, ein Kind abends nicht sich selbst zu überlassen und es in sein Bettchen zu legen, zum Beispiel wenn es Verdauungsschwierigkeiten hat und Teile der Mahlzeit wieder erbricht. Ich kenne Fälle, in denen Einjährige nachts auf dem Arm in der Wohnung herumgetragen werden, weil sie seit ihrer Säuglingszeit nach der Abendmahlzeit immer wieder leicht erbrechen. Dann schläft das Kind auf dem Arm ein und kann folglich auch nachts nicht anders wieder einschlafen.

Solche Fälle zeigen anschaulich, daß es wichtig ist, die Geschichte eines Kindes zu kennen, wenn man nach dem Grund seiner Schlafprobleme forscht. Manchmal muß ich Eltern von mir aus die Frage stellen, ob es zufällig sein könnte, daß ihr Kind nach dem Stillen oder seinem Fläschchen auf dem Arm einschläft. Dies gehört so selbstverständlich zu den familiären Gepflogenheiten, daß Eltern gar nicht auf die Idee kommen, davon zu erzählen.

Den Schlaf eines Kindes bringen auch Krankheit oder ein Unfall oder Veränderungen zu Hause durcheinander. Wenn die Schlafprobleme jedoch anhalten, muß man in der Zeit weiter zurückgehen und anderen möglichen Ursachen nachforschen. Es können zum Beispiel auch elterliche Ängste sein oder Erwartungen oder Angewohnheiten, die das kindliche Schlafverhalten mit geformt haben.

Auch kulturelle Faktoren spielen bei der Ausformung von widersprüchlichen Botschaften über Erziehungsziele eine Rolle. Während das Kind sich in der einen Umgebung wunderbar einfügt, kann es in einer anderen mit seinem Verhalten nur anecken. Und das gilt insbesondere für den sensiblen Bereich des Schlafens. Solche Situationen beobachte ich immer wieder in Familien, in denen die

Eltern aus verschiedenen Kulturkreisen kommen. So in diesem Fall, wo die Schlafgewohnheiten aus dem einen Land zu einem Quell von Problemen in dem anderen Land wurden:

Das Kind aus zwei Welten

Winnan ist vier Jahre alt. Seine Mutter ist Marokkanerin, sein Vater Belgier. Die Familie verbringt mehrere Monate im Jahr in Marokko, wo Winnan im Kreis seiner Cousins lebt, mit ihnen spät am Abend ins Bett geht und ebenso wie sie am Nachmittag eine lange Siesta hält. Das funktioniert alles wunderbar, und Winnan ist glücklich und zufrieden dort. Die Rückkehr nach Hause jedoch, nach Belgien, stellt ein großes Problem dar. Winnan weigert sich, früh ins Bett zu gehen und schläft vor ein Uhr nachts einfach nicht ein; zudem wacht er nachts auch wieder auf. Am Morgen muß er aufstehen, um zur Vorschule zu gehen. Er wird mit Mühe wach, weint und mag nicht frühstücken, und tagsüber ist er nur müde.

Die Eltern können sich nicht einigen, wie sie mit der Situation umgehen wollen. Die Mutter sieht keine Notwendigkeit, daß Winnan seinen aus Marokko gewohnten Lebensrhythmus umstellt, wo alles wunderbar lief und seinen natürlichen Gang nahm. Der Vater hingegen ist der Meinung, man müsse sich auf hiesige Gewohnheiten umstellen und Winnan an den anderen Tagesablauf gewöhnen. Winnan selbst sagt dazu, daß er Angst habe, hier so früh schlafen zu gehen.

Auf einen Blick

Wir haben die Geschichten einiger Kinder gehört, die nicht ohne bestimmte Hilfestellung von außen einschlafen können: Jacques muß in seinem Kinderwagen herumgeschoben werden, Anne schläft nur auf dem Arm ein, und Florence muß nachts ganz viel Saft trinken. Bei Mathieu tauchten Schlafschwierigkeiten im Alter von zehn Monaten auf, Kenny kam mit seiner inneren Uhr durcheinander, als er zwei Jahre alt war. Und schließlich Winnan, der seinen für ihn so natürlichen Schlafrhythmus aus dem einen Land in dem anderen nicht beibehalten kann.

Alle Beteiligten, die Eltern wie die Kinder, handeln aus dem Bedürfnis, die Schlafsituation so optimal wie möglich zu gestalten. Und daraus hat sich das Mißverständnis ergeben. Es gibt jedoch einfache Wege, um diesen Teufelskreislauf zu unterbrechen.

Exemplarische Lösungen

Ich möchte nun erzählen, wie es mit Jacques, Anne, Florence und den anderen Kindern weiterging und was ich den Eltern geraten habe, um die »Erziehungsmißverständnisse« auszuräumen.

Erinnern wir uns an die Geschichte vom elf Monate alten Jacques und seiner Familie: »Schon immer« wachte er nachts etliche Male auf und wurde dann im Kinderwagen gefahren, bis er wieder einschlief.

Nächtliche Buggyfahrten

Ich habe Jacques' Eltern erklärt, welche Art Mißverständnis sich in ihrer Familie ergeben hat: Ihr Sohn hat quasi »gelernt«, das Schlafen mit dem Geschaukeltwerden zu assoziieren. Wird er nicht geschaukelt, ist er auch nicht darauf eingestimmt zu schlafen. Dann habe ich auf einem Papier seinen nächtlichen Wach- und Schlafrhythmus aufgezeichnet, so daß die Eltern die Bedeutung der »goldenen Schlafregel« schwarz auf weiß nachvollziehen können: So, wie ein Kind einschläft, so schläft es auch *wieder* ein.

In diesem Sinne habe ich den Eltern geraten, Jacques nach der Methode des Schritt-für-Schritt-Lernens daran zu gewöhnen, abends alleine und in seinem Bettchen einzuschlafen. Sie waren einverstanden und haben es am gleichen Abend schon in die Tat umgesetzt. Vier schwierige Nächte kamen auf sie zu, aber dann hatte Jacques sich umgewöhnt. Er schlief jetzt ohne Probleme ein und wachte auch nachts nicht mehr weinend auf.

Und wie ging es weiter mit Anne, dem dreijährigen Mädchen, das seit seiner Geburt eigentlich keine einzige Nacht wirklich geschlafen hat? Wenn sie überhaupt endlich Anzeichen von Müdigkeit zeigte, schlief sie bei der Mutter auf dem Arm ein, wachte nachts ständig auf und verlangte dann wieder dasselbe: auf den Arm genommen und in dem Schlaf gewogen zu werden, ein richtiges »Wiegenkind«:

Nur im Arm der Mutter

Ich habe lange mit Anne geredet. Ich habe ihr erklärt, daß sehr kleine Babys im Arm einschlafen, aber daß große Mädchen sich allein in ihrem Bett schlafen legen. Dann haben Anne und ich über das Baby geredet, das noch im Bauch der Mutter ist und bald kommen wird, und welch wichtige Rolle sie dabei spielen wird, daß das Baby gut schlafen kann. Dann habe ich ihr vorgeschlagen, daß sie gleich an diesem Abend damit anfangen solle, groß zu sein: Sie solle sich in ihr Bett legen und ganz alleine einschlafen. Und sie solle ihre Eltern abends immer daran erinnern, daß sie ab jetzt wie ein »großes Mädchen« schlafen wolle. Wenn sie selbst es vergessen sollte und abends zu weinen anfange, dann werden ihre Eltern zwar zu ihr kommen, sie aber nicht in den Arm nehmen und herumtragen. Unser Gespräch ging noch eine ganze Weile hin und her, und Anne war höchst aufmerksam. Plötzlich erklärte sie: »Papa großer Boß, Mama Boß, Anne kleines Baby.« Angesichts dieser Abfuhr begann ich mit meinen Erklärungen von vorne, war aber jetzt auf der Hut vor einer so aufmerksamen wie auch eigensinnigen Anne.

Darüber, was dann wirklich in ihrem Kopf vor sich ging, habe ich mich jedoch getäuscht. Anne hat sich noch am selben Abend nach unserem Gespräch anstandslos in ihr Bett gelegt und hat die ganze Nacht durchgeschlafen. Und die folgenden Nächte ebenso. Tagsüber ist sie jetzt fröhlich und ausgeruht. Ihren Dickkopf hat sie immer noch, aber die heftigen Wutanfälle sind deutlich weniger geworden.

Kommen wir zu Florence, die fünf Jahre alt ist und abends und in der Nacht diese Unmengen an Saft trinkt. Wie ging es dort weiter?

Das Flaschenkind

Ich habe der Mutter meine Sicht dargelegt, daß sie mir nämlich seit der Geburt von Florence stark überbeansprucht scheint und daß sich zwischen ihr und ihrer

Tochter ein grundsätzliches Mißverständnis ergeben hat, an dem beide leiden. Zusammen mit einer Fachkollegin beraten wir uns über die Ernährungsgewohnheiten von Florence, und wir können ausschließen, daß sie aufgrund falscher Ernährung übermäßigen Durst haben könnte (vgl. einen solchen Fall im 5. Kapitel, S. 149f.). Bei Florence ist die Ernährung augenscheinlich vollkommen ausgewogen.

Also erkläre ich Florence selbst, daß sie jetzt in dem Alter sei, wie »eine Große« zu schlafen, ohne Hilfe eines Nuckelfläschchens. Mit fünf Jahren brauche man nachts nicht mehr wie ein kleines Baby zu trinken. Florence sei jetzt ein großes Mädchen, das auch seine Mutter sich so wünsche.

Florence hört genau hin, sagt aber kein Wort. Mit einem »magischen Schlafheft« unterm Arm verläßt sie dann das Sprechzimmer. Eine Woche später betritt eine strahlende Florence die Praxis. Sie erklärt mir, daß sie alleine schläft, und zeigt stolz ihr Schlafprotokoll her, in dem man sehen kann, daß Florence es nach einer schwierigen Nacht ohne Trinkflasche geschafft hat, problemlos ein- und durchzuschlafen. Morgens steht sie gutgelaunt auf, frühstückt gerne und geht dann fröhlich aus dem Haus zur Vorschule. Ihre Erzieherin hat nur gestaunt über diese Wandlung im Verhalten des Kindes.

Ich habe noch von anderen Kindern berichtet, die zum Beispiel nur mit ihrem Schnuller einschliefen – hier wie bei ähnlichen oralen Stimulationen gilt das gleiche Rezept. Und auch das Vorgehen ist das gleiche, unabhängig davon, wie lange die Situation schon andauert, welche Umstände mitspielen und selbst wie alt das Kind ist. Die Praxis zeigt, daß mit Hilfe der Schritt-für-Schritt-Methode (siehe S. 42ff.) der Schnuller oder andere Dinge nach einer bis höchstens vier Nächten verschwunden sind. Die Kinder sind von ihrer

Angewohnheit befreit und können ihre Nächte sorglos verbringen. Florence wie ihren Eltern habe ich das Mißverständnis erklärt, an dem aber niemand schuld wäre. Für das
Baby Florence sei der abendliche Schnuller hilfreich gewesen, aber mit der Zeit sei er eben zu einem Problem geworden. Und ich habe den Kindern versichert, daß es allein ihr
Verdienst sei, wenn sie es schafften, eingeschliffene Gewohnheiten zu ändern, daß sie selbst es seien, die den Anstoß dafür geben müßten.

Im Fall des zehn Monate alten Mathieu waren es besondere Umstände, die seine Schlafgewohnheiten verändert
haben: der zweiwöchige Urlaub mit seinen Eltern, in dem
alle gemeinsam in einem Zimmer schliefen:

Achtung: Urlaub!

Ich habe mit Mathieus Eltern besprochen, wie sie ihrem
kleinen Sohn dabei helfen können, seine neue Gewohnheit wieder abzulegen und damit das Mißverständnis
aufzuklären, daß es auch nach den Ferien so weiter-
ginge mit dem gemeinsamen Schlafen. Daß dieses Mißverständnis sich bei Mathieu festgesetzt hat, liegt mit
daran, daß er in dem sensiblen Alter zwischen sechs
und zwölf Monaten ist, in dem Kinder eine größere
Autonomie entwickeln und einige besonders stark auf
häusliche Veränderungen und auf Veränderungen im
Lebensrhythmus reagieren.

Was ich den Eltern für die Entwicklung der Autonomie beim Schlafen generell empfehle, nämlich dem
Kind zu *sagen*, daß es alleine schlafen kann, weil es
groß genug dafür ist, habe ich auch den Eltern des
zehnmonatigen Mathieu geraten: Sie sollen ihm erklären, was sie tun werden, damit er besser schlafen kann,
und dann die Schritt-für-Schritt-Methode anwenden.

Es hat ein wenig gedauert bei Mathieu, aber als die Eltern nach einer Woche wieder zu mir kamen, konnte Mathieu wieder alleine einschlafen und wachte nur ein- bis dreimal nachts auf. Welche Fortschritte er machte, konnten sich die Eltern anhand der Notizen im »Schlafheft« vor Augen halten. Nach weiteren drei Wochen hatte Mathieu zu seinem ruhigen und festen Schlaf gänzlich zurückgefunden, und auch tagsüber schlief er besser und machte ohne weiteres sein kleines Nachmittagsschläfchen.

Im Fall vom zwei Jahre alten Kenny war es ebenfalls ein konkretes Ereignis, die Umstellung von der Winter- auf die Sommerzeit, das seinen Schlaf durcheinandergebracht hatte. Auch hier war das gleiche »Rezept« erfolgreich: mit dem Kind reden, das Angekündigte in die Praxis umsetzen, ein Schlafheft führen.

In unserem letzten Beispiel, dem vierjährigen Winnan aus marokkanisch-belgischem Elternhaus, ist die Situation jedoch komplexer. Hier geht es um grundsätzliche kulturelle Unterschiede und um Wertsetzungen und die Erwartungshaltung beider Elternteile.

Das Kind aus zwei Welten

Zunächst habe ich ein langes ernsthaftes Gespräch mit Winnan selbst geführt. Wir haben über die Lebensgewohnheiten in Marokko geredet und wie sie sich von den hiesigen unterscheiden. Und wir haben die jeweiligen Vor- und Nachteile miteinander verglichen. Mit den Eltern gemeinsam wurde dann das schrittweise Vorgehen besprochen, das Winnan helfen soll, sich besser an die Gepflogenheiten in Belgien anzupassen.

Drei Wochen später zeigte sich der Erfolg: Winnan ließ sich früher zu Bett bringen und schlief nachts ruhig durch. Und jeden Abend holte er ein großes Malbuch hervor, das sein Vater ihm geschenkt hatte, und malte irgend etwas, das ihn an sein geliebtes Marokko erinnerte. Diese Lösung, die Winnan für sich selbst gefunden hatte, ist ohne Zweifel sehr symbolgeladen. Und vor allem hat sie den wünschenswerten Effekt, daß er nämlich kraft der imaginierten Bilder auch diesseits des Mittelmeeres schlafen kann.

In diesem Fall war die Lösung der Probleme wegen unterschiedlicher Schlafgewohnheiten vergleichsweise einfach, und zwar weil die Eltern zu einem Einverständnis gefunden hatten. Aber ich kenne auch Fälle, wo die Unvereinbarkeit unterschiedlicher Kulturen ein Ausdruck grundsätzlicher und tiefgehender Differenzen zwischen den Eltern ist. Dann können weder ich noch einer unserer psychologischen Mitarbeiter wirklich etwas ausrichten und die zugrunde liegenden komplexen Paarprobleme lösen.

Auf einen Blick

Eltern staunen nur über die Leichtigkeit, mit der Kinder bereit sind, ihre Gewohnheiten zu verändern, wenn sie mit der Methode des schrittweisen Lernens einmal begonnen haben. Selbst bei hartnäckigen und seit langer Zeit bestehenden Schlaf- und auch sonstigen Verhaltensproblemen findet das Kind in einigen Nächten zu einem neuen Einschlaf- und Durchschlafrhythmus.

Als wir bei den hier vorgestellten Kindern nach drei Jahren wieder nachfragten und wissen wollten, welche Entwicklung sie genommen haben, hat sich gezeigt, daß alle ein vollkommen normales Schlafverhalten haben, daß der Effekt der Methode also rasch eintritt und anhaltend ist.

Grenzen setzen ist notwendig

Kompromisse und Ersatzlösungen

Schlechte Schlafgewohnheiten können, wie wir gesehen haben, Resultat eines Eltern-Kind-Mißverständnisses sein: wenn die Eltern Lösungen ersinnen, um ihrem Kind zu einem besseren Schlaf zu verhelfen, die letztlich das Gegenteil bewirken. Diese kontraproduktiven Lösungen basieren also auf »falscher bester Absicht«, oder sie entstehen durch äußere Umstände oder Ereignisse wie Zeitumstellung oder Ortswechsel.

Wir haben schon angesprochen, daß solche kommunikativen Mißverständnisse sich von Problemen mit fehlender Grenzsetzung in der Erziehung unterschieden. Letzteres bedeutet, daß es keine klar definierten Grenzen gibt, die dem Kind bewußt gemacht worden sind und die auch für sein Schlafverhalten gelten. Die Methoden, zu denen Eltern dann oft greifen, damit das Kind gut schläft, führen zu ähnlichen Situationen wie bei Mißverständnissen. Sie entstehen jedoch aus dem Versuch der Eltern, einen Kompromiß zu finden, aus einem stillschweigendem Pakt, den die Eltern mit dem Kind meinen schließen zu können – wobei es sein Schlafverhalten alles andere als bessert.

Kinder brauchen, wie gesagt, feste Regeln, an denen sie ihr Verhalten orientieren können. Daß sie sich ihnen widersetzen und versuchen, sie zu umgehen, ist dabei nur natürlich. Ob sie ihnen folgen oder gegen sie verstoßen: die Stimmigkeit und Gültigkeit der Regeln sind für Kinder, egal welchen Alters, eine Quelle für ihre Gewißheit, sicher und aufgehoben zu sein. Weitere Beispiele aus meiner Praxis werden dies veranschaulichen. Ebenso natürlich wie der Versuch, Regeln zu umgehen, ist, daß es manchmal Situationen gibt, in denen wir Schwierigkeiten haben, diese Gren-

67

zen zu ziehen und sie durchzusetzen. Oder daß wir Schwierigkeiten haben, konsequent zu sein, sei es aus Müdigkeit oder aus dem Bedürfnis, »nett zu sein«, oder auch, weil es »halb so schlimm« ist. Diese Erziehungshaltung ist den meisten geläufig und ganz normal. Und mehr noch: Es ist eine Haltung, der wir auch im Umgang mit anderen grundsätzlich immer wieder begegnen. Daraus entstehen auch nicht wirkliche Grenzsetzungsprobleme. Die ergeben sich nur, wenn besondere Umstände zusammenkommen oder grundsätzliche Schwierigkeiten bestehen, Grenzen zu setzen.

Spezifische Merkmale fehlender Grenzen

Wenn man die Eltern erzählen hört, ähneln sich beide Erziehungskonflikte – die Mißverständnisse und die fehlenden Grenzen – sehr; man könnte sogar meinen, es seien im Prinzip die gleichen Konflikte. Und doch gibt es gute Gründe, das eine vom anderen zu unterscheiden, denn Probleme mit Grenzen äußern sich auf eine spezifische Art und Weise. Die vier wichtigsten charakteristischen Merkmale sind:

1. Grenzprobleme, die rund um das Schlafverhalten auftreten, sind oft im Gesamtverhalten des Kindes zu beobachten. Grenzen grundsätzlich einzuhalten, welche auch immer es sein mögen, ist für diese Kinder nicht nur am Abend, sondern auch tagsüber ein Problem.
2. Anders als bei Erziehungsmißverständnissen kann man diese Konflikte nicht mit einfachen Ratschlägen an die Eltern aus der Welt schaffen. Hier muß man den Eltern volles Vertrauen in ihre Fähigkeit vermitteln, die Abgrenzungskonflikte in ihrer Familie letztlich selbst und auf ihre Weise zu lösen. Natürlich erhalten sie dabei die

nötigen Hilfestellungen und jede Unterstützung – nicht nur die besagten »guten Ratschläge«. Oft haben diese Eltern in ihrer eigenen Herkunftsfamilie nie die Erfahrung gemacht, daß klare Grenzen und Geborgenheit Hand in Hand gehen. So fällt es ihnen um so schwerer, diese nie gekannten oder auch als ungut – nämlich als nur autoritär und restriktiv – erinnerten Grenzen ihrem eigenen Kind aufzuerlegen.

3. Aus diesen Gründen können Eltern sich unbehaglich fühlen, wenn sie sich aufgefordert sehen, Festigkeit zu zeigen. Sie sträuben sich gegen Veränderungen und wollen auf bestimmte Dinge in ihrer Familie nicht zu sprechen kommen. Manchmal brechen sie eine Beratungssitzung sogar frühzeitig ab, wenn sie das Gefühl haben, daß sie selbst hineingezogen werden.

4. Langfristig zeigt es sich, daß sich die gleichen Probleme nach einer vorübergehenden Besserung nach und nach wieder bemerkbar machen, wenn den Eltern selbst nicht ausreichend Unterstützung und Aufmerksamkeit gegeben wurde. Die Prognose, diese Art von Schlafproblemen zu lösen, ist demnach nicht so günstig wie bei Erziehungsmißverständnissen.

In der folgenden Tabelle haben wir die unterschiedlichen charakteristischen Merkmale dieser beiden möglichen Ursachen von Schlafproblemen gegenübergestellt:

Merkmale von Mißverständnissen und Grenzproblemen

	Mißverständnisse	Grenzprobleme
Grund	*falsche »beste Absichten«*	*keine klare Grenzziehung, statt dessen »Kompromißlösung«*
erstes Auftreten	*in den ersten Monaten*	*oft schon in den ersten Tagen nach der Geburt*
Äußerungen	*Schlafschwierig-keiten*	*Schlafschwierigkeiten sowie Probleme mit Essen, mit der Schule etc.*
Reaktion der Eltern	*Ratlosigkeit, guter Willen*	*oft Widerstand, Opposition*
Behandlung	*Schritt-für-Schritt-Methode*	*Unterstützende Begleitung der Familie, evtl. psychologische Hilfe*
Reaktion des Kindes	*generell positiv*	*schnelle Veränderung trotz elterlichen Widerstandes möglich*
Erfolgsaussicht	*sehr gut*	*abhängig von Mitarbeit der Familie, u. U. des Kindes*
Langfristige Prognose	*sehr gut*	*Risiko des Rückfalls*

Situationen, die durch das Fehlen klarer Grenzen entstehen, verschärfen sich oft mit der Zeit. Außenstehenden mögen sie komisch erscheinen, für die Eltern sind sie immer schmerzvoll – und manchmal auch für die Kinder.

Anstatt all die Situationen zu beschreiben, zu denen es in einer Familie kommen kann, wenn Kindern keine Grenzen gesetzt werden, möchte ich hier ein paar konkrete Fallbeispiele wiedergeben.

Das Wohn-Schlafzimmer

Die Eltern von Marie hatten schon immer Schwierigkeiten, ihrer Tochter feste Schlafzeiten vorzugeben. Seit der Geburt von Marie tun sie alles, damit sie niemals weint, und haben sich Tricks und Listen einfallen lassen, um sie zum Einschlafen zu bringen. Immer einer von ihnen hat abwechselnd mit ihr im Kinderzimmer geschlafen. Als Marie acht Jahre alt war, merkten sie, daß sie am besten auf dem großen Sofa im Wohnzimmer einschläft. Also legen sich seitdem alle drei, Marie und ihre Eltern, gegen acht Uhr abends gemeinsam zum Schlafen auf das Sofa und verbringen dort relativ ruhige Nächte. Zu mir in die Sprechstunde kamen sie deshalb, weil Maries Mutter erneut schwanger war und sich keinen Rat wußte, wie es in der Zukunft weitergehen sollte, wenn das zweite Kind womöglich auch so schreckliche Schlafgewohnheiten haben würde.

Das Kind, das nur im Auto schläft

Jean ist sieben Monate alt, und seit seiner Geburt »schläft er nicht«. Jede Nacht wacht er vier- bis fünfmal auf, jammert und weint und gibt keine Ruhe, bis sein Vater sich einen Mantel über den Pyjama zieht, mit

71

ihm auf dem Arm in den Fahrstuhl zur Tiefgarage steigt und eine Spazierfahrt mit dem Auto unternimmt. Nach etwa einer Viertelstunde langsamer nächtlicher Fahrt durch die Stadt hat Jean sich dann beruhigt und schläft schließlich ein. Sein Vater fährt dann zurück und legt den schlafenden Jean vorsichtig in sein Bettchen. Anschließend legt auch er sich wieder hin, den Mantel in Reichweite über dem nächsten Stuhl, denn er weiß, daß es keine zwei Stunden dauern wird, bis die nächste nächtliche Runde mit dem Auto fällig ist.

Solche Geschichten können sich über Jahre hinziehen, bis die Eltern schließlich um Hilfe fragen. Es ist manchmal schier unglaublich, wie manche Familien so außerordentlich belastende Situationen aushalten können. Wenn man solche Geschichten hört, könnte man meinen, daß es nicht schwer sein dürfte, hier die nötigen Grenzen zu ziehen. Aber oft ist die Situation gar nicht so einfach. Während ich zum Beispiel anrege, ein offensichtliches Mißverständnis zwischen Eltern und Kind aufzuklären, winken die Eltern alle meine Vorschläge nur ab: »Ja, natürlich, aber das geht nicht«, oder: »Ja, wir haben all das schon probiert, aber bei unserem Kind funktioniert es nicht.«

Und wie ich schon erwähnte, sind die Probleme in Familien, in denen Grenzen nicht gesetzt oder sie nicht respektiert werden, komplex: das schwierige Verhalten des Kindes setzt sich über den Schlaf hinaus fort. Die Eltern kommen zwar aufgrund von Schlafproblemen in die Sprechstunde, das Kind zeigt darüber hinaus aber auch Verhaltensprobleme in bezug auf Essen oder im Kindergarten und in der Schule.

Hierzu zwei Fallbeispiele, die zunächst wie einfach aufzuklärende Mißverständnisse erscheinen, die aber bei genauerer Betrachtung auf ernsthafte Grenzprobleme zurückzuführen sind:

Das Flaschenkind

Marc, der jetzt 15 Monate alt ist, wacht seit seiner Geburt jede Nacht mindestens viermal auf, und er findet nur in den Schlaf zurück, wenn er eine Flasche bekommt. Er schläft also während des Trinkens wieder ein. Auch wenn er bei den Großeltern schläft, ist es nicht anders. Die Eltern sind vor Müdigkeit am Ende.

Wir sprechen alles durch: Marcs Abhängigkeit von seiner Flasche, die Technik des schrittweisen Lernens, den Gebrauch des »Schlafhefts«. Das Gespräch gestaltet sich langwierig und schwierig. Auf jeden meiner Vorschläge kommen Reaktionen der Eltern wie: »Nein, unmöglich, ihn schreien zu lassen« oder: »Das haben wir schon versucht, aber es führt zu nichts« oder: »Niemals könnte ich ganze 20 Minuten lang vor der Tür verbringen und nicht hineingehen« oder: »Er würde anfangen zu würgen und zu brechen, wenn ich nicht sofort komme« und: »Außerdem hält er dann wieder die Luft an und wird ganz blau, wie es schon einmal passiert ist« ...

Dann komme ich auf das Thema Grenzen setzen und rede mit den Eltern darüber, aber auch hier fällt es ihnen schwer, auf meine Vorschläge einzugehen. Und der kleine Marc sitzt dabei, äußerst aufmerksam und macht keinen Mucks ...

Eine solche Rundum-Ablehnung meiner Lösungsvorschläge scheint mir darauf hinzuweisen, daß die Eltern hier vor einem Problem stehen, das weit darüber hinausgeht, einfach eine schlechte Angewohnheit zu ändern. Es kann zuweilen vorkommen, daß beide Eltern gleichermaßen unfähig sind, Grenzen zu setzen, weil keiner, weder der Vater noch die Mutter, es jemals zu einem Konflikt mit dem Kind kommen lassen würde. Und bei in diesem Sinne schwachen und nicht tonangebenden Eltern geschieht es dann manchmal, daß es das Kind ist, das die Kontrolle über das Familienleben hat.

Wenn das Kind den Ton angibt

Julie ist fünf Jahre alt, ein süßes kleines Mädchen. Sie sitzt ganz aufrecht auf ihrem Stuhl mir gegenüber am Schreibtisch, und baumelt mit den Beinen. Ihr Vater sitzt neben ihr, hat sich aber halb zum Fenster gedreht und guckt dem Geschehen auf der Straße zu, als wolle er mir damit zu verstehen geben, daß er nicht wirklich dabei ist. Die Mutter steht hinter dem Stuhl ihrer Tochter, mit locker herabhängenden Armen. Julie erzählt mir: »Ich kann nich sslafen und ich träum sslecht und ich brauch meinen Papa und meine Mama zum Sslafen, deshalb komm ich nachts immer in ihr Ssimmer.«
Julies Mutter nickt: Schon immer kommt Julie jede Nacht zu ihnen ins Schlafzimmer, wenn es sein muß, bis zu zehnmal, bis die Eltern sie schließlich in ihr Bett nehmen. Inzwischen sind sie dermaßen erschöpft, daß sie schon beim ersten nächtlichen Auftauchen ihrer Tochter zur Seite rücken und ihr Platz machen.
Ich unterhalte mich dann eine ganze Weile mit Julie, die, mit ihren hübschen Locken und in ihrem feinen Kleidchen, von ihrem Hund erzählt und ihren Spielgefährten und Freunden. Als ich sie nach dem Beruf ihres Vater frage, antwortet sie, daß er gar nichts tue, »weil er aus seiner Arbeit rausgessmissen ist«. Julie hat kaum ausgeredet, als sich ihr Vater brüsk vom Fenster zu uns umdreht und sagt, daß er sich beruflich fortbilde. Seine Frau macht einen schüchternen Einwurf und ergänzt, daß es in seiner Firma tatsächlich Personalkürzungen gegeben habe und er freigestellt sei. Ihr Mann jedoch beharrt auf der »Kurzversion« und wie-

derholt mit Nachdruck, daß er sich beruflich fortbilde. Und Julie sagt daraufhin, wobei sie mich anblickt: »Trotzdem, er is aus seinem Büro gessmissen und er tut garnichts.«

In dieser Art geht das Gespräch noch eine Weile weiter. Wenn Julie etwas sagt, haken die Eltern ein mit unklaren und widersprüchlichen Aussagen. Einmal frage ich Julie: »Und, wer ist der Chef im Haus?«

Sie guckt mich fragend an: »Papa der Ssef?« Und auf mein Schweigen: »Oder Mama?« und dann: »Oder Julie Ssef?« Und dann weiß sie es plötzlich: »Am Tag sind Mama und Papa der Ssef, nachts ist es Julie!«

Eltern, die nicht Nein sagen können

Wir werden später noch sehen, daß es viele verschiedene Ursachen haben kann, warum Eltern sich schwer damit tun, ihrem Kind Grenzen zu setzen. Kommen wir zunächst auf die Gruppe, die sich nicht das Recht zubilligt, Nein zu sagen.

Dieses Abgrenzungsproblem wurzelt direkt in der Eltern-Kind-Beziehung: Die Eltern können den Bedürfnissen des Kindes nichts entgegensetzen. Also bekommt das Kind keine Botschaften, die ihm die Erwartungen und Bedürfnisse der Eltern vermitteln könnten und ohne die es nicht weiß, was von ihm eigentlich erwartet wird.

Eine solche Konstellation führt oft zu einer Unruhe des Kindes: Durch fehlende Grenzen fühlt es sich tatsächlich »nicht umgrenzt«, und das bedeutet: nicht beschützt. Die Eltern wiederum stoßen sich an dem als unbändig und maßlos empfundenen Verhalten ihres Kindes. Die ganze Familie leidet unter dieser Situation.

Der tieferliegende Grund bei den Eltern kann der sein, daß sie in sich selbst nicht die Autorität zum Grenzensetzen finden können. Hierzu die folgende Geschichte:

Kindertränen – die größte Angst der Eltern

Beide Eltern von Laurence sind Waisenkinder, die in einem Heim aufgewachsen sind, bis sie etwa fünf Jahre alt waren. Ich erfahre davon nach und nach in einem ersten Beratungsgespräch mit ihnen, zu dem sie aufgrund der Schlafprobleme ihrer Tochter gekommen sind. Seit dem Alter von neun Monaten weigert sich Laurence, die jetzt drei Jahre alt ist, allein zu schlafen. Folglich verbringt die kleine Familie ihre Nächte zu dritt in einem Bett, genauer ab ungefähr Mitternacht, wenn Laurence wieder aufwacht, nachdem sie erst in ihrem Bett eingeschlafen ist. Die Eltern sind jetzt um Rat zu mir gekommen, weil wieder Nachwuchs ins Haus steht. Während unseres Gesprächs macht die kleine Laurence sich an der Telefonanlage auf meinem Schreibtisch zu schaffen. Ihr Vater ermahnt sie mit großer Milde: »Nein, Laurence, das darfst du nicht«, läßt sie aber ungehindert an dem Gerät weiter herumspielen.

Wir kommen ziemlich direkt auf die Angst zu sprechen, die die Eltern davor haben, Laurence nachts allein zu lassen. Sie sagen, daß ihnen jegliche Trennung von ihr schwerfällt. Und zudem bekennt der Vater offen, welche Schwierigkeiten er damit hat, dem Willen seiner Tochter nicht nachzugeben. Er hat Angst davor, daß sie ihn nicht mehr liebt, wenn er ihr gegenüber »den Polizisten spielt«. Was würde passieren, wenn er einmal Nein sagen und seiner Tochter etwas abschlagen müßte? Diese Vorstellung scheint ihn sehr zu quälen.

Die Geschichte der Eltern von Laurence ist besonders symbolhaft. Daß die Eltern den Kummer nicht ertragen könnten, den sie ihrer Tochter jedesmal zufügen würden, wenn sie ihr Grenzen setzten, ist aus ihrer Geschichte nur zu begründet. Und auch die Anwesenheit von Laurence in ihrem Bett ist ihnen nicht wirklich unwillkommen. Wie die Dinge sich hier entwickeln, werden wir später verfolgen. Zunächst ein weiteres Beispiel einer Familienszenerie:

Das Adoptivkind

Die zweieinhalbjährige Olivia ist im Alter von zwei Monaten adoptiert worden. Sie wird in dieser Familie behandelt wie ein rohes Ei, jeder Anlaß zu Tränen wird tunlichst vermieden. Abends nimmt ihre Adoptivmutter sie zu sich ins Bett und hält sie zum Einschlafen auf ihrer Brust, als sei Olivia immer noch ein Säugling. Zwei Stunden braucht Olivia gewöhnlich, bis sie dann eingeschlafen ist und man sie in ihr eigenes Bettchen tragen kann. Jede Nacht wacht sie auf und kommt zu ihren Eltern ins Bett. Da kuschelt sie sich neben ihren Vater, wobei die Mutter ihren Platz räumt und sich ins Bett der Tochter schlafen legt. Tagsüber ist Olivia launenhaft und tyrannisch.

Manchmal treffen zwei Geschichten aufeinander – die der Eltern wie auch die des Kindes –, die eine klare Abgrenzung schwierig machen, manchmal aber ist es auch die aktuelle Familienkonstellation, die zu diesen Schwierigkeiten führt. Zum Beispiel wenn eine alleinerziehende Mutter nicht die Autorität hat oder sich nicht in der Lage sieht, Grenzen zu definieren und auf deren Einhaltung zu pochen.

Allein mit zwei Töchtern

Saskia ist knapp drei Jahre alt und ein eindrucksvolles kleines Mädchen. Sie marschiert vorneweg ins Sprechzimmer, gefolgt von ihrer Mutter und ihrer Großmutter. Von den dreien ist es Saskia, die am aufrechtesten

77

scheint, mit einem deutlichen Lächeln im Gesicht. Schnurstracks geht sie auf einen der beiden Besucherstühle zu, nimmt ohne weiteres Platz und wartet weiterhin lächelnd ab. Die Großmutter, auf dem Stuhl neben ihr, beginnt, die Situation zu erklären: daß Saskia seit über einem Jahr darauf besteht, im Bett ihrer Mutter einzuschlafen, nirgends sonst. Ein guter Schläfer war sie noch nie: Schon als Baby schlief sie nicht vor elf Uhr abends ein, und ihr Mittagsschlaf war minimal. Jetzt versucht ihre Mutter, sie gegen acht Uhr abends ins Bett zu bringen. Sie liest ihr noch was vor, aber wenn sie anschließend das Zimmer verlassen will, steht Saskia in ihrem Bettchen auf, wird böse und weint und schreit. Das zieht sich dann bis etwa elf Uhr hin und endet damit, daß Saskia sich wieder im Bett ihrer Mutter einfindet und dann einschläft. Sie bleibt die ganze Nacht dort und schläft relativ ruhig durch, bis auf das eine oder andere Mal, wo sie kurz aufwacht und sich ihrer Mutter vergewissert, mit Anschmiegen und Küßchen.

Soweit der Bericht der Großmutter. Saskias Mutter, die hinter dem Stuhl ihrer Tochter steht, erzählt ergänzend, daß ihr Mann vor einem Jahr, als sie nach einem Autounfall in der Klinik lag, das Haus verlassen und sie mit Saskia und der älteren Tochter allein gelassen hat. Jetzt lebt sie mit ihren Kindern unter einem Dach mit ihrer Mutter, die ebenfalls von ihrem Mann getrennt lebt. Schon die Zeit der Schwangerschaft sei nicht leicht gewesen, sie habe mit ihrem Mann nur im Streit gelegen. Saskia sei ein schwieriges Kind, ein sehr sensibles Kind, äußerst bedürftig nach Umarmungen und Aufmerksamkeit. Zu Hause, hakt die Großmutter ein, mache sie »mit Absicht« Dummheiten und sei immer nur in Bewegung, während sie in der Vorschule vernünftig und brav sei und auch mittags problemlos die Ruhezeit einhalte.

Saskia selbst behält während des ganzen Gesprächs ihr freundliches Lächeln, ist mit den Spielzeugen, die sie auf meinem Schreibtisch findet, beschäftigt und wechselt sie mit der Psychologin, die neben mir sitzt, hin und her.

In diesem Fall hat die Mutter zwar sicher nichts unternommen, um die Selbständigkeit ihrer Tochter zu fördern, doch kommen hier viele schwierige Umstände zusammen. Solche Familien mit nur einem Elternteil – meistens der Mutter –, in denen eine Abgrenzung nicht gelingt, sind wahrlich keine Ausnahme. Ich kenne genug Fälle, in denen das Kind zu Hause durchsetzt, im Bett zusammen mit der Mutter zu schlafen, während es zum Beispiel bei den Großeltern wie selbstverständlich allein schläft.

Später im Buch, im Abschnitt über die Elternängste und das »Beschützer-Kind« (siehe S. 113f.), werden wir solchen und ähnlichen Fällen noch einmal begegnen. Und hier wie dort treffen wir auf das gleiche Grundproblem: das Problem, das die *Eltern* mit Abgrenzung bzw. Grenzziehungen haben.

Bei Saskias Mutter ist es das Alleinsein, aus dem heraus sie nicht die nötige Autorität ihrem Kind gegenüber entwikkeln kann. Auch durch Dritte kann ein Eltern-Kind-Gefüge empfindlich gestört werden. Dies geschieht zum Beispiel dann, wenn Großeltern sich derart in die Erziehung einmischen, daß sie die Autorität der Mutter bzw. der Eltern außer Kraft setzen.

Alleine, ohne einen Partner an der Seite ein Kind großzuziehen ist alles andere als leicht. Und in dieser Situation des Alleinerziehenden finden sich auch manche, die in einer festen Paarbeziehung leben. Deren Partner erfüllen in keiner Weise ihre Rolle und haben jeglichen Autoritätsanspruch in Sachen Erziehung von sich weggeschoben. Mag diese Verabschiedung aus der Verantwortung auch die

79

unterschiedlichsten Ursachen haben – bis hin zu gesundheitlichen Gründen –, klar ist, daß der andere genau so lebt wie ein Alleinerziehender.

Die nächsten Beispiele betreffen ganz anders gelagerte Abgrenzungsprobleme. Es gibt zum Beispiel Eltern, die deshalb keine Grenzen ziehen, weil sie selbst als Kinder dies nie kennengelernt haben und somit kein Modell haben, an dem sie sich orientieren könnten – dies führt manchmal zu den gleichen Problemen wie bei einer als hart und rigide empfundenen Begrenzung durch die Eltern. Das Bedürfnis, die problematischen Schlafriten zu ändern, sie überhaupt als solche wahrzunehmen, entsteht in der Regel dann, wenn die Umstände dies erzwingen, d. h., wenn die Eltern an die Grenzen ihrer Belastbarkeit kommen.

Ich kenne aber auch Eltern, die gar nicht den Wunsch verspüren, das Schlafverhalten ihres Kindes auf irgendeine Art zu steuern, weil sie daraus für sich selbst eine Befriedigung ziehen, was ihnen oftmals gar nicht bewußt ist. Dies ist z. B. bei Eltern zu beobachten, die sehr wenig Zeit für ihr Kind haben und ihr Bedürfnis nach Zuwendung zum Kind damit kompensieren, daß sie ihre ganze Fürsorge in die nächtlichen Schlafstunden legen.

Spiel ohne Ende?

Arnaud ist gerade zwei Jahre alt geworden und hat, wie seine Mutter berichtet, seit seiner Geburt nur drei Nächte wirklich durchgeschlafen. Abends gegen zehn Uhr läßt er sich zwar relativ problemlos ins Bett bringen, wacht aber bereits eine Stunde später wieder auf und fängt an zu weinen. Dann kommt seine Mutter und tröstet und beruhigt ihn, bis er wieder einschläft. Dies wiederholt sich Stunde um Stunde, die ganze Nacht hindurch bis morgens um acht, wenn es Zeit ist für die Familie aufzustehen. Tagsüber ist der Kleine unruhig und gereizt und sieht blaß und übernächtigt aus.

Seine Mutter, die während der Konsultation einen sehr bedrückten Eindruck macht, erzählt weiter, daß auch Arnauds ältere Schwester, die jetzt 14 ist, in diesem Alter ganz schlecht geschlafen habe. Der ebenfalls anwesende Vater scheint an all dem nur beiläufig interessiert.

Arnaud wurde bis etwa zehn Monate nachts immer gestillt, und seine Mutter erklärt die häusliche Situation: als Tagesmutter betreue sie jeden Tag bis zum Nachmittag fünf Kinder. Sie habe immer das Gefühl, sich nicht genug um ihr eigenes Kind, um Arnaud, zu kümmern, und sein Verhalten würde sie darin bestätigen, daß er zu kurz kommt. Sie sagt, daß sie dies am Abend und auch in der Nacht zu kompensieren versuche, »weil ich möchte, daß er weiß, daß seine Mutter dann wirklich nur für ihn da ist«.

In einer anderen Familie sind es die Wohnverhältnisse, die eine andere Schlafsituation kaum zulassen:

Damit die Nachbarn sich nicht beschweren

Aurélie ist 13 Monate und ihr Brüderchen vier Jahre alt. Die Familie wohnt in einer winzigen Wohnung. Die Eltern haben zwar versucht, feste Schlafzeiten für ihre Kinder einzuführen, aber sie haben es nicht geschafft. Aurélie schläft abends zu den unterschiedlichsten Zeiten ein, wacht oft auf und wird dann ins Elternbett geholt, wo sie mit einem Fläschchen langsam wieder einschläft. Ich merke schnell, daß hier die Ratschläge, feste Regeln einzuführen, nicht weiterhelfen und daß die Wohnsituation der Familie Aurélies Schlafverhalten nur zu verständlich macht. Es gibt nämlich nur ein Schlafzimmer, in dem die Eltern gemeinsam mit ihren Kindern schlafen. Zudem sind die Wohnungen in der großen Anlage alle sehr hellhörig. Damit die Nachbarn sich nicht durch Kindergeschrei gestört fühlen und sich ständig beschweren, tun sie also alles, damit Aurélie nachts still ist.

Das dritte Beispiel wiederum zeigt eine ganz andere Situation: Hier spielt sich nicht nur das abendliche Schlafen, sondern das gesamte Familienleben ohne Regeln und gänzlich desorganisiert ab:

Die »Chaos-Familie«

Alexander ist drei Jahre alt, und er schläft, wann er will – zu welcher Tages- oder Nachtzeit auch immer. In der Nacht wacht er mehrmals auf und wird dann von seiner Mutter im Arm gehalten oder herumgetragen und bekommt auch zu trinken, wenn er möchte. Auch wann und ob er tagsüber seine Mahlzeiten zu sich nimmt, bestimmt Alexander selbst. Seine Eltern sind fahrende Künstler, die von einem Ort und einem Jahrmarkt zum nächsten ziehen. Während unseres Gespräches scheint der Vater wie abwesend: Er guckt lange zum Fenster hinaus, bewegt spielerisch seine Hände, summt bisweilen vor sich hin. Die Mutter ist eine kräftige Frau um die Vierzig. Sie hat Psychologie studiert und stellt mir Fragen zum Schlaf an sich und wie er funktioniert und zum Einfluß von ungenügendem Schlaf auf die Persönlichkeitsentwicklung. Die ganze Zeit über aber betragen sich die Eltern, als wäre ihr Sohn gar nicht vorhanden, der sich inzwischen zwar friedlich, aber gründlich daran gemacht hat, eine meiner Schreibtischschubladen komplett auszuräumen.

Als ich der Mutter zunächst einmal empfehle, feste Schlafenszeiten einzuführen, antwortet sie entschieden, daß das in ihrem Leben im Moment nicht möglich sei, vielleicht später einmal, sie werde darüber nachdenken, vielleicht ...

Nachdem die kleine Familie sich verabschiedet hatte, war ich mir sicher, daß meine Anregungen und Ratschläge vollkommen umsonst gewesen waren: zum einen Ohr rein, zum anderen wieder heraus.

Haben die Eltern sich zu einer Änderung der Situation entschlossen und führen entsprechende Regeln ein, geschieht es trotzdem oft genug, daß die Schlafprobleme sich nicht in ein paar Tagen lösen lassen, sondern daß sie nur noch größer zu werden scheinen, daß sogar neue Probleme hinzukommen. Oder es ist umgekehrt: Die Initiative zu einer Veränderung geht vom Kind selbst aus – von dem Kind, das auch vorher die Situation kontrolliert hat! Dann scheint das Problem wie weggezaubert, in einer einzigen Nacht. In all diesen Fällen bin ich überzeugt davon, daß das Schlafverhalten des Kindes nicht auf ein Kommunikationsproblem zwischen Kind und Eltern hindeutet, sondern eine Reaktion auf fehlende Grenzen ist, auf tiefsitzende Abgrenzungsprobleme der Eltern von ihrem Kind, die sich nicht mit einigen guten Ratschlägen aus der Welt schaffen lassen.

Die Probleme, Grenzen zu setzen und das Kind dazu zu bringen, diese zu respektieren, machen sich in der Regel in allen Lebensbereichen bemerkbar, und oft sind sie latent immer noch vorhanden, auch wenn es vordergründig nach einer Besserung aussieht. Die Rückfälle bei der »Lösung« von Schlafproblemen zeugen davon.

Auf einen Blick

Probleme dieser Art sind oft sehr schwierig zu lösen. Sie entwickeln sich aus Konfliktsituationen, die entstehen, wenn die Eltern Probleme haben, nein zu sagen. Das Kind fühlt sich dadurch allein gelassen, es ist allein mit seinem magischen Denken und seinen Wünschen – und einem Gefühl von Unsicherheit.

Die Gründe hierfür sind vielfältig. Unter den Fallbeispielen waren Eltern, die aufgrund eigener Verlustängste keine Situation ertragen können, die sie damit assoziieren, und die es deshalb nicht wagen, ihre Kinder mit Widerstand zu konfrontieren: die Eltern von Laurence, die beide als Waisen aufgewachsen sind, oder die Adoptiveltern von Olivia. Dann gab es die Eltern von Alexander, die ihr Familienleben, sprich: ihr unstetes Künstlerleben, gar nicht ändern wollen und damit auch das Schlafverhalten nicht werden regeln können. Dann hatten wir das Beispiel von Arnaud, dessen Mutter ihm abends und nachts deshalb alles durchgehen läßt, weil sie ein schlechtes Gewissen hat, nicht genug für ihn da zu sein. Und schließlich gibt es die Familien wie die von Aurélie, die aufgrund ihrer beschränkten Wohnsituation nicht wissen, wie sie Grenzen setzen sollen und was sie anders machen könnten.

Das kindliche Erleben, wenn Grenzen fehlen

Bevor ich die vorgestellten Fälle im einzelnen noch einmal aufgreife und Ihnen exemplarische Möglichkeiten zeige, wie Schlafprobleme, die eigentlich Abgrenzungsprobleme sind, gelöst werden können, möchte ich Ihnen erneut deut-

lich machen, wie fehlende Grenzen sich auf das Gefühls-
leben von Kindern auswirken. Es ist sehr wichtig zu verstehen, daß ein solches Kind sich auf unsicherem Boden fühlt.
Es lebt in seiner magischen Welt voller Wünsche und Vor-
stellungen und hat das Gefühl, diese seine Welt existiere
für die Eltern gar nicht. Wenn es tun und lassen kann, was es
will, erfährt es keine Resonanz und empfindet diese Situation bisweilen auch als bedrohlich – ungeschützt sich selbst
überlassen, ohne Orientierungspunkte. Sein Verhalten wird
mit der Zeit immer schwieriger, es scheint sich den Kopf ein-
rennen zu wollen, aber findet keinen Widerstand. Dieses
orientierungslose Verhalten eines Kindes zeigt sich bald
überall: Nicht nur sein Schlaf-Wach-Rhythmus ist durcheinander, sondern in seinem ganzen Verhalten läuft es quasi
aus dem Ruder, sobald etwas von ihm verlangt wird – sei es
das morgendliche Anziehen, zur Schule gehen, Essenszeiten einhalten und all die anderen kleinen Alltagsdinge, die
auch ein Kind tun *muß*.

Solch ein Kind muß einfach die Erfahrung machen, daß
es nicht tun kann, was immer es will, daß es Grenzen für
sein Verhalten gibt. Dies hilft ihm zu verstehen, was von
ihm erwartet wird, und sich danach zu richten. Letztlich
gibt es dem Kind das Gefühl von Sicherheit und Geborgenheit, wenn sein Verhalten entsprechend reguliert wird und
es dafür die Bestätigung und Freude der Eltern erfährt. Das
Kind wird motiviert, sich in seinem Gesamtverhalten – tagsüber wie nachts – an diese Regeln zu halten.

Zunächst bereiten neu sich aufbauende Grenzen natürlich Frustration, und das Kind wird oft voller Wut versuchen, dagegen anzulaufen. Wenn es jedoch einmal verstanden hat, daß diese Grenzen gelten, und sie schließlich
akzeptiert, wird es sich nachts ruhiger verhalten und auch
tagsüber ausgeglichener sein – in einem Wort: sicherer.
Diese Veränderung zeigt sich in seinem Gesamtverhalten:
Das Kind wirkt im ganzen zufriedener, und gleichzeitig

wächst seine Selbständigkeit; auch der nächtliche Schlaf ist merklich besser, und die Ruhephasen tagsüber spielen sich ein und werden länger.

Diese Überlegungen können Eltern, die selbst nicht mit klaren Grenzen aufgewachsen sind, dabei helfen, ihren eigenen Kindern nein zu sagen, ohne Schuldgefühle zu haben und auch nicht die Angst, daß sie sich damit die Liebe ihrer Kinder verscherzen.

Oft berichten mir Eltern, daß die häusliche Situation sich bereits schlagartig gebessert habe, seit sie einen Termin zur Beratung ausgemacht hätten. Als gäbe ihnen schon die Vorstellung, alsbald Rat und Hilfe zu bekommen, so viel Sicherheit, daß ihr Erziehungsverhalten anders wird – natürlich nicht vollkommen anders, aber immerhin so, daß das Kind eine neue Art von Entschlossenheit seiner Eltern spürt und somit auch ruhiger und in größerer Sicherheit einschläft. Der eigentliche Beratungstermin dient dann letztlich zur Bestätigung dieser neuen Haltung und der Rückversicherung, daß Eltern das gute Recht dazu haben, dem Verhalten ihres Kindes Grenzen zu setzen – ohne Schuldgefühle!

Manchmal ist es auch das Kind selbst, das nach einer Beratung, an der es teilgenommen hat, sein Verhalten von sich aus komplett ändert – ich sprach es weiter oben schon an: Es geschieht »wie von Zauberhand«. Ganz kann ich mir dieses Phänomen nicht erklären, aber vielleicht hängt dieser Effekt – wie bei den Eltern – allein schon mit der Tatsache, daß eine Beratung stattfindet, zusammen; vielleicht unterschätzen wir alle immer noch das Einsichtsvermögen und Verständnis von Kindern.

Kommen wir nun auf die Fallgeschichten zurück und sehen uns die Lösungswege an, die die Eltern gefunden haben – zum Beispiel Marcs Eltern, deren starker Widerstand gegen jegliche Veränderung klare Grenzen gar nicht zugelassen hatte.

Das Flaschenkind

Ich spreche die Eltern auf die fehlenden Grenzen an, aber sie tun sich, wie gesagt, sehr schwer damit, meine Überlegungen und Vorschläge anzunehmen, während der kleine Marc das Gesagte höchst aufmerksam aufzunehmen scheint. Am gleichen Abend schläft er mit seinen gerade eineinviertel Jahren einfach so ein: ohne Flasche, ohne Theater zu machen. Er wacht zwar dreimal auf, schläft aber auch dann alleine wieder ein. In der Nacht darauf wacht er noch zweimal auf, und dann schläft er durch.

Beim nächsten Termin mit der Familie macht Marc einen zufriedenen, fröhlichen Eindruck. Und die Eltern wirken alles in allem sehr viel sicherer, ihre abwehrenden und ängstlichen Reaktionen bei der Erstberatung scheinen sie vollkommen vergessen zu haben, der Vater erklärt mit großer Bestimmtheit: »Ich wußte, daß das irgendwann aufhören müßte mit den Fläschchen.«

Mit der fünfjährigen Julie konnten wir einen »Vertrag« schließen, der alles regelt, was nachts passiert. Julie selbst hat mich auf die Fährte gesetzt, als sie sagte, daß tagsüber Papa und Mama der Chef seien, in der Nacht allerdings sie, Julie!

Wenn das Kind den Ton angibt

Eltern, die ihre Autorität quasi aus der Hand gegeben haben, sind nicht leicht wieder in die Pflicht zu nehmen. Ich schlage also den von Julie vorgegeben Weg ein, mache ihr jedoch klar, daß sie allerdings nur ein »ganz kleiner Chef« sei, denn immerhin brauche sie ja die Hilfe anderer, wie zum Beispiel ihrer Eltern, um zu schlafen. Ein richtiger Chef brauche nachts niemanden, der ihm hilft, weil er nämlich sehr gut in der Lage sei, die Nacht allein zu verbringen. Als Julie zuhört, ohne zu protestieren, schlage ich ihr einen »Vertrag« vor: Ich würde sie dann als »richtigen« Chef betrachten, wenn sie es schafft, alleine zu schlafen, und nachts nicht mehr in das Zimmer ihrer Eltern geht. Julie sagt zwar nichts, scheint aber einzuwilligen und nimmt auch das »Zauberheft« mit.

Eine Woche später ist Julie mit ihren Eltern wieder da, mit dem ausgefüllten Heft: Vom ersten Abend an hat sie unsere Abmachung eingehalten. Zwar ist sie nachts noch aufgewacht, aber sie ist in ihrem Zimmer geblieben und nicht mehr zu ihren Eltern gegangen. Ich schlage ihr einen »Folgevertrag« vor: daß sie jetzt die ganze Nacht durchschläft und in ihrem Bett bleibt. Dann, versichere ich ihr, hätte alles seine Ordnung und sie sei der oberste »Nacht-Chef«.

Gut zwei Wochen später kommt die Familie ein drittes Mal: Julie hat auch diesen »Vertrag« perfekt erfüllt. Sie hat ihre Lieblingspuppe dabei und sagt, während sie mir die Puppe reicht: »Weiß' du, jetz' hört sie auf mich und schläft auch besser.« Der Vertrag hat seine Wirkung gezeigt.

Als nächstes möchte ich auf die Eltern zurückkommen, die sich aufgrund ihrer eigenen Kindheit nicht die Autorität zugestehen, die notwendig ist, um Grenzen zu setzen. Als Beispiel hatten wir die Eltern von Laurence, die beide als Waisenkinder aufgewachsen sind.

Kindertränen

Ich erkläre Laurence, was ich von ihr erwarte und was auch ihre Eltern erwarten: daß sie nachts allein in ihrem Bett schläft, und wenn es sein müsse, bei verschlossener Tür, damit sie nicht hinaus könne. Und ich füge hinzu, jetzt auch zu ihren Eltern gewandt, daß ich, »der böse Onkel Doktor« diese unangenehme Sache beschlossen habe. Dann gebe ich Laurence ein Schlafheft mit, und wir verabreden den nächsten Termin acht Tage später.

In der ersten Nacht weinte und tobte Laurence furchtbar, aber die Tür blieb versperrt. Die Eltern schlossen sie aber auch noch ab, als Laurence die Nächte schon ruhig durchschlief, was mich überraschte. Natürlich bräuchten sie jetzt, versicherte ich ihnen auf ihre Frage, wie lange das notwendig sei, die Tür nicht mehr abzuschließen: Sie hätten ihrem Kind die nötige Sicherheit gegeben, es wisse jetzt, was von ihm erwartet werde – also kann es ruhig in seinem Zimmer schlafen. Schon in der zweiten Woche hat sich zur allgemeinen Zufriedenheit in der Familie alles gut eingespielt.

Speziell in Adoptivfamilien können größere Autoritätsprobleme auftreten, wie wir es im Fall der zweieinhalbjährigen Olivia gesehen haben. Was kann man hier raten?

Das Adoptivkind

Nachdem ich den Eltern erklärt hatte, daß es notwendig sei, Olivia Grenzen zu setzen, schon allein, damit es ihr selbst gut gehe, und dann auch der ganzen Familie, und die Eltern dies akzeptieren konnten, ging es sehr schnell: Nach drei Nächten mit dem Programm des schrittweisen Lernens schlief Olivia allein ein und blieb nachts in ihrem Bett. Sie ist jetzt tagsüber weniger aggressiv, wenngleich immer noch »schwierig«.

Kommen wir zu Saskia und ihrer Mutter, deren familiäre Situation – alleinerziehend mit zwei Töchtern und mit der Mutter unter einem Dach lebend – es schwierig macht, klare Grenzen durchzusetzen.

Allein mit zwei Töchtern

Nach unserem ersten langen Gespräch habe ich von dieser Familie den Eindruck eines sehr warmherzigen, liebevollen Umgangs miteinander. Und dennoch, erkläre ich Saskias Mutter, sei es sicher nicht einfach, für sie und ihre jüngste Tochter ein Gleichgewicht zu finden zwischen den Bedürfnissen von Saskia und den manchmal notwendigen Beschränkungen, die sie ihr auferlegen müsse. Die eigenen bitteren Erfahrungen seien ihr natürlicherweise dabei im Weg, Strenge zu zeigen. Saskias Mutter bestätigt dies und erzählt, welche Schwierigkeiten sie habe, sich von ihrer Tochter zu trennen, und wie sie selbst darunter leide, sie einfach weinen zu lassen.

Ich schlage ihr vor, diese Themen eingehend mit unserer Psychologin zu besprechen, und sie hat zwei lange Gespräche mit ihr. Saskia, die dabei ist, spielt ruhig mit ihrer Puppe, wiegt sie auf dem Arm, legt sie in den Puppenwagen schlafen und hört ihrer Mutter zu, die von ihren Ängsten und Problemen spricht.

Saskias Mutter erzählt, wie die ganzen Probleme nach ihrem Unfall angefangen haben und sich bis zum Auszug ihres Mannes anhäuften. An genau diesem Punkt des Gesprächs macht Saskia heftig auf sich aufmerksam, indem sie ihre Puppe auf den Tisch wirft und laut ruft: »Böse Puppe, böse Puppe!« – Die Mutter kommt dann auf ihren Groll auf ihre eigene Mutter zu sprechen, die sich nach ihrem Unfall stark in das Familienleben eingemischt und sich in fast aufdringlicher Weise um die beiden Kinder gekümmert hat – was ihrer Meinung nach dazu beigetragen hat, daß ihr Mann so plötzlich auszog.

Zunächst baut die Psychologin das Selbstbild von Saskias Mutter wieder auf: daß sie eine durch und durch kompetente Mutter sei, egal was sie darüber in ihrem eigenen Hause zu hören bekommen hat, daß sie auch allein liebevoll und perfekt für ihre Kinder sorgen könne. Dann gibt sie ihr Ratschläge hinsichtlich der Forderungen von Saskia, was das nächtliche Schlafen angeht, erklärt das schrittweise Lernen und spricht ihr Mut zu: natürlich werde sie es schaffen, ihre Tochter zum Schlafen zu bringen, selbst wenn sie sich dann für Momente hart zeigen müsse.

Bei ihrem zweiten Gesprächstermin mit der Psychologin kann die Mutter bereits stolz berichten, daß Saskia nach drei Tagen bereit war, allein in ihrem Bett zu schlafen und daß sie auch am Tag ruhiger und selbständiger geworden sei. Wieder ist Saskia dabei, macht ein fröhliches Gesicht und lauscht aufmerksam, was gesprochen wird. Dann gibt es einen weiteren Termin, wo ich hinzukomme. Saskia gibt mir stolz ihr Schlafheft, in dem man ablesen kann, wie regelmäßig und gut sie jetzt schläft, und ihre Mutter erzählt von ihrer neu gewonnenen Sicherheit, daß ihr Verhalten richtig sei und Positives bringe: das ganze Leben scheint ihr jetzt leichter. Ich gebe ihr mit auf den Weg, daß selbst wenn ihr Lebensrhythmus sich ändere oder in Unordnung gerate – sei es durch Krankheit, Urlaubsfahrten, Umzug, durch Hinzukommen eines Freundes, Partners –, sie Saskia auch dann wieder helfen könne, zu einem normalen und guten Schlaf zu kommen.

Es ist, wie gesagt, alles andere als einfach, Mama und Papa in einer Person zu sein, tagsüber zu arbeiten und abends den »Polizisten« zu spielen, Grenzen zu setzen und sie durchzusetzen bei seinem Kind, wenn man doch das große Bedürfnis hat, seine ganze Liebe auszudrücken und sie erwidert zu sehen. Viele Eltern haben wie Saskias Mutter Angst, das Kind von sich wegzustoßen und nicht mehr

geliebt zu werden, wenn sie ihre elterliche Macht ausüben
und ihm ein Nein entgegensetzen.

Vielleicht hat Saskias Mutter unsere Versicherung geholfen, daß sie jedes Recht hat, Grenzen zu setzen, und dabei
gewiß nicht die Liebe ihres Kindes riskiert. Man darf die
Autorität der Person des Arztes nicht unterschätzen, die es
der Mutter möglich macht, ihr Verhalten zu ändern, ohne
Schuldgefühle dabei zu haben. Die Überzeugung des Arztes und der Psychologin hat sich vielleicht auch der aufmerksam zuhörenden Saskia mitgeteilt und ihr ebenso wie
der Mutter Sicherheit vermittelt.

Wenn die familiäre Situation komplex oder kompliziert
ist, wenn die Eltern eine Veränderung im Grunde gar nicht
wollen, wird es jedoch niemandem möglich sein, irgend
etwas zu ändern. Der gemeinsame Wunsch danach ist die
unabdingbare Basis für jegliche Veränderung. Ist er nicht
vorhanden, gibt es eine starke Blockade, und jeder Versuch
einer Hilfe von außen muß scheitern. Wir haben dies an der
Familie von Alexander gesehen, die ihr Künstlerleben in
größter Überzeugung weiterführen wollte (vgl. o., S. 82f.).

Kommen wir zu den Eltern von Arnaud, die aus Zeitmangel
ihre ganze Fürsorge und Liebe in die Schlafenszeit legen.

Spiel ohne Ende?

Ich spreche mit Arnauds Mutter über sein Schlafbedürfnis und über ihr Bedürfnis, Zeit nur ihm zu wid-
men. Ein Ausweg aus diesem Dilemma bestünde darin,
diese Zeit so zu wählen und zu organisieren, daß ihr
Sohn mehr davon hat, und zugleich sein Schlafbedürfnis erfüllt wird. Das schrittweise Lernen lehnt Arnauds
Mutter spontan ab. Ich bleibe jedoch dabei und bitte
sie, es trotzdem zumindest zu versuchen – im Interesse
ihres Sohnes.

Und tatsächlich: nach drei Nächten ist es geschafft. In der ersten Nacht weinte er über eine Stunde, in der zweiten dann zwölf Minuten, und in der dritten sieben Minuten. Seither gar nicht mehr, auch am Tag nicht. Arnauds Mutter ist überglücklich. Und sie hat an drei bis vier Tagen pro Woche und das ganze Wochenende hindurch jeweils eine halbe Stunde für ihn reserviert, wo nur sie beide beisammen sind und lange Spaziergänge und ähnliches machen.

Abschließend nun die Familien, die in sehr hellhörigen Wohnungen leben und die, wie die Eltern von Aurélie und ihrem vierjährigem Bruder, ihre Kinder nicht schreien lassen wollen aus Angst vor Beschwerden der Nachbarn. Was könnte man in solchen Fällen tun?

Damit die Nachbarn sich nicht beschweren

Wir raten den Eltern, aktiv an ihrer Situation etwas zu ändern – und zwar mit Hilfe der Nachbarn. Ich schreibe ein »Rezept« aus für die Zusammenarbeit der Nachbarn mit den Eltern über einen Zeitraum von fünf Nächten. Verbunden ist dieses Rezept mit der Zusage, daß sie nach diesem Behandlungszeitraum kein Kind nachts mehr schreien hören werden – außer natürlich in Ausnahmefällen. Dieses Rezept drücke ich den Eltern in die Hand und erläutere dann das schrittweise Schlafenlernen und daß Aurélie nicht mehr als drei bis vier Nächte brauchen wird, bis sie ruhig schläft. Die Alternative zu diesem Rezept wäre, die Situation zu lassen, wie sie ist. Eine Woche später hat Aurélie zu ruhigem nächtlichen Schlaf gefunden, und den von den Eltern so gefürchteten Nachbarn mußte das Rezept nicht einmal vorgezeigt werden: Auch so hat sich niemand in diesen Lern-Tagen beschwert.

Die Ratschläge, die wir den Eltern gemeinhin geben, können ihnen helfen, eine durch widersprüchliche Bedürfnisse festgefahrene Konfliktsituation zu lösen. Was wir nicht können, ist, ihnen damit grundsätzlich eine dem Kind gerecht werdende Erziehungshaltung beizubringen. Wenngleich unsere Ratschläge manchmal nicht sofort Wirkung zeigen, so tragen wir in jedem Fall zur moralischen und psychologischen Unterstützung der Eltern bei.

Ändert sich die Schlafsituation nun aber wie gehofft, bleibt sie dennoch fragil. Denn wenn die Angst der Eltern vor einem Nein ihren Kindern gegenüber latent weiter vorhanden ist, sind Rückfälle immer möglich.

Manchmal kann es angeraten sein, zusätzliche fachliche Hilfe von außen in Anspruch zu nehmen. So rate ich nicht wenigen Eltern zu begleitenden Gesprächen mit Psychologen aus unserem Team. Oft erzählen diese nach solchen Gesprächen, daß sie ihnen geholfen hätten, Klarheit über ihre eigenen Gefühle und Ängste zu gewinnen und diese in Worte zu fassen. In anderen Fällen zeigen Eltern sich jedoch ausgesprochen ablehnend jeder psychologischen Beratung gegenüber. Sie wollen »praktische Hilfe«, mehr nicht. Und selbst in Fällen, wo jede Unterstützung von vornherein scheitern muß, werden die Eltern – wie auch die Kinder selbst – doch erleichtert sein, die ganzen nächtlichen Probleme einmal angesprochen zu haben – und gehört worden zu sein.

Einmal erhielt ich den freundlich-ironischen Brief eines Vaters, der mir etwa zwei Jahre nach der ersten und einzigen Sprechstunde schrieb und den Brief mit folgenden Sätzen schloß: »Ihr Rat hat uns sehr geholfen, selbst wenn er nicht die schnelle Lösung gebracht hat und wir nun insgesamt drei Jahre aushalten mußten, bis unser kleiner Sohn vernünftig schlief. Die Schlafkarriere unseres Ältesten verlief genauso ... Trotzdem danken wir Ihnen von Herzen, daß Sie uns angehört haben.«

Wenn das Unterbewußtsein mitspielt

In diesem Abschnitt möchte ich Ihnen noch weitere Fall-geschichten erzählen, die das Thema »Grenzen ziehen« betreffen und sich in der Herausbildung eines problema-tischen Schlafverhaltens manifestieren. Diese Geschichten zur Wechselwirkung zwischen fehlenden Grenzen und schlechtem Schlaf sind derartig zahlreich und in so vielen Facetten anzutreffen, daß es mir wichtig und nützlich erscheint, ruhig noch bei diesem Thema zu bleiben.

Der »schlaflose Ödipus«

Sehen wir uns die Familiensituationen näher an, in denen die Eltern von den kindlichen Bedürfnissen quasi über-stimmt werden. Es handelt sich hier in der Regel um ältere Kinder, etwa im Vorschulalter, die bis dato keinerlei Schlaf-probleme hatten. Offensichtlich nehmen die Schwierigkei-ten ihren Anfang, sobald die Kinder eine Vorliebe für das gegengeschlechtliche Elternteil entwickeln. So gibt es zahl-reiche Jungen in diesem Alter, die unbedingt bei ihrer Mama schlafen wollen, während kleine Mädchen beanspruchen, bei ihrem Papa schlafen zu dürfen. Hier begegnen wir einer entwicklungsbedingten Verhaltensänderung, die als »Ödi-pusphase« bekannt ist. Wenn diese Kinder selbst über ihre Schlafprobleme sprechen, hören wir sehr oft Geschichten, die mit allerlei wilden Tieren bevölkert sind, vor allem be-drohlichen Raubtieren. Setzen die Eltern auch dann Gren-zen, wird alles ins Lot kommen; sie fühlen sich jedoch in die-ser Phase oft von dem Drängen ihrer Kinder überfordert. Hierzu die folgenden vier typischen Ödipus-Geschichten:

Ellie hat Angst vor Monstern

Ellie, die vier Jahre alt ist, erzählt in der Sprechstunde mit leiser Stimme, daß sie nachts Angst habe, daß sie immer wieder aufwache, weil sie vom Wolf träumt. Außerdem habe sie Angst vor den Fledermäusen, Menschenfressern und Hexen in ihren Träumen. Ihre Eltern sind von den Schlafschwierigkeiten ihrer Tochter furchtbar mitgenommen und tun alles, damit diese nächtlichen Ängste und Alpträume aufhören. Sie haben Ellie sogar leichte Schlaftabletten gegeben und, als alles nichts half, den Kinderarzt gewechselt. Der Vater ist beruflich so eingespannt, daß die Kindererziehung ganz in den Händen der Mutter liegt. Abends kehrt er oft so spät heim, daß er die Kinder gar nicht mehr sieht. Es ist also immer die Mutter, die die Kinder ins Bett bringt. Und sie ist es auch, die nach gutem Zureden, nach Versprechungen und Drohungen endlich gegen 23 Uhr Ellie zum Einschlafen gebracht hat.

Julian ist eifersüchtig

Der dreieinhalbjährige Julian wacht jede Nacht drei bis viermal auf, und das seit etwa vier Monaten. Er ruft nach seinen Eltern und steht auf und kommt zu ihnen ins Bett. Dort, in die Haare seiner Mutter gekuschelt, fühlt er sich dann sicher. Tagsüber, wie auch in der Sprechstunde, ist Julian lieb und fröhlich. Er selbst erklärt sogar: »Julian weckt Mama nachts auf, weil Julian ganz böse ist, daß Mama zusammen mit Papa schläft.«

Elke ist neugierig

Elke ist fünf Jahre alt und teilt das Zimmer mit ihrem dreijährigen Bruder. Bisher verlief alles reibungslos, bis sie vor einigen Monaten abends nicht mehr ins Bett wollte und jedesmal bitterlich weinte. Die Geschwister gehen immer gemeinsam ins Bett, und während der kleine Bruder schnell einschläft, ruft Elke immer wieder nach ihrer Mama, die dann am Bett sitzenbleibt, bis Elke endlich auch einschläft. Aber sie wacht immer wieder auf, bis zu zehn Mal in einer Nacht! Sie kommt dann in das Schlafzimmer ihrer Eltern, »um zu gucken, was sie machen«, und möchte etwas trinken oder muß auf die Toilette oder hat Hunger oder will kuscheln. Abschließend besteht sie darauf, daß die Türen offen bleiben. Wenn die Eltern sie zurück in ihr Bett bringen wollen, sagt sie, sie habe Angst vor Dieben und Wölfen. Ihre Mutter berichtet, was Elke wörtlich zu ihr gesagt habe: »Ich weiß, warum ich weine, aber ich sag's dir nicht.« Und mehr als einmal habe ihre Tochter auch gesagt: »Du hast Glück, daß du nicht allein schlafen mußt.«

Wenn Elke bei einer ihrer Freundinnen übernachtet, schläft sie vollkommen ohne Schwierigkeiten. In der Schule ist sie ebenfalls in keiner Weise auffällig. Mit ihrer Mutter jedoch trägt sie zahlreiche Konflikte aus und weigert sich hartnäckig zu tun, was diese von ihr möchte. Die Mutter macht sich große Sorgen, daß ihr Kind nachts solche Ängste hat.

Leonie fürchtet Schlangen und Einbrecher

Leonie ist fünf und wacht seit nunmehr einem halben Jahr nachts regelmäßig auf, immer so gegen vier Uhr, und es dauert bis zu einer Stunde, bis sie wieder einschläft. Wenn sie wach wird, ruft sie nach ihrem Vater. Sie erzählt, daß sie Angst habe »vor Schlangen, die Kinder angreifen, und Einbrechern, die nachts ins Haus kommen«. Ich rede mit Leonie und erzähle ihr, was ich von den Wünschen kleiner Mädchen weiß, die es ungerecht finden, daß die Eltern gemeinsam in einem Bett schlafen, während sie selbst ganz allein schlafen müssen. Dann schlage ich ihr vor, abends vorm Ins-Bett-Gehen Bilder von dem zu malen, wovor sie Angst hat. Eine Woche später hat Leonie Unmengen Bilder mit Schlangen und schwarz gekleideteten Männern dabei, die durch Fenster in Häuser klettern. Sie erzählt zu diesen Bildern, daß sie ganz bestimmt nachts weiter solche Angst haben werde, wenn sie nicht bei ihrem Papa schlafen dürfe, der sie beschützen würde.

Zunächst können wir aus diesen Geschichten schließen, daß sie vollkommen normal sind: Alle Kinder haben diese Gefühle, nur äußern die einen sie spontaner oder deutlicher als andere. Zudem handelt es sich hier um eine Entwicklungsphase, die vorübergeht – manchmal schon nach wenigen Monaten, manchmal nach einigen Jahren. Und schließlich, was das Wichtigste ist: Wenn mit dem Kind offen über alles geredet wird, kann das nächtliche Aufwachen bald behoben werden, vorausgesetzt, die Eltern sind sich einig und zu einer Zusammenarbeit bereit.

Nächtliche Schreckgestalten vertreiben

Worte, Gesten und auch gemalte Bilder können auf Eltern eine sehr nachhaltige Wirkung ausüben und regelrechte »Jagdinstinkte« auslösen, wenn es darum geht, wilde Tiere und Einbrecher zu vertreiben, die den kindlichen Schlaf stören. Die obigen Fallbeispiele zeigen, daß dahinter der kindliche Wunsch steht, bei der Mutter bzw. dem Vater zu schlafen. Diese ödipalen Bedürfnisse stehen allerdings mit der schon ausführlich beschriebenen Situation von Kindern in Zusammenhang, denen keine klaren Grenzen gesetzt sind, was das Schlafen im elterlichen Bett betrifft. Um hier zu einer Lösung zu kommen, ist es oft hilfreich, an die Phantasie der Eltern zu appellieren, die sich so oft dem Verlangen ihrer Kinder gegenüber wehrlos fühlen. Nehmen wir die Beispiele der Reihe nach wieder auf:

Ellie hat Angst vor Monstern

Wir bitten Ellie, jeden Abend ein Bild von den Wölfen zu malen, die ihr solche Angst machen, und nach einer Woche wieder in die Sprechstunde zu kommen. So erscheint sie dann mit ihren Eltern ein zweites Mal und hat einen Stapel Zeichnungen dabei: schön gemalte, bunte Bilder mit Wölfen, die eher einen lieben Eindruck machen, als daß sie »böse« sind. Zudem sind die Bilder verziert mit Blumen, Weihnachtsbäumen und kleinen Herzchen. Auf einem dieser hellen, fröhlichen Bilder sieht man einen Wolf in der Ecke eines Hauses sitzen und nicht weit davon einen Mann und eine Frau, die sich umarmen und küssen. Während ich mit Ellie darüber rede, wird ihre Mutter ungeduldig und sagt schließlich, daß sich nichts getan habe, im Gegenteil: Die Nächte seien nur noch schlimmer geworden, Ellie wache immer öfter auf.

Wir kommen auf die schwierige Einschlafsituation zu sprechen, und ich schlage Ellie und ihrem Vater folgendes vor: Jeden Abend, wenn es Zeit ist zum Schlafen, ist ihr Papa da und macht den Wölfen angst. Er wird Ellie zu ihrem Zimmer bringen, die Tür öffnen, als erster hineingehen und laut rufen: »Los, ihr Wölfe, Fledermäuse, Menschenfresser, Hexen, verschwindet! Ich bin hier und werde euch allesamt aus dem Zimmer meiner Tochter jagen. Und hört ja auf, ihr angst zu machen! Also, weg mit euch!« Diese Jagd auf die Wölfe, Fledermäuse, Menschenfresser und Hexen soll der

Papa jeden Abend machen, und zwar immer um die gleiche Zeit. Die werden dann bald so eine Angst vor ihm haben, daß sie ganz verschwinden und nie mehr wiederkommen. Ellie soll unterdessen weiter ihre Bilder malen und mit ihrer Mama das magische Schlafheft führen.

Nach einer weiteren Woche kommt Ellie mit ihren Eltern zum drittenmal. Sie strahlt: Dank ihres Papas hat sie keine Angst mehr. Sie schläft gut ein und wacht nur noch ganz selten auf. Ihre Bilder sind weiterhin bunt und fröhlich. Auf dem ersten sieht man einen Wolf, der in einem Netz gefangen ist. Die nächsten zeigen ein Haus mit Stockwerken, und weit und breit keinen Wolf mehr: Ellie kann sich jetzt sicher fühlen. Und dann erzählt sie mir: »Meine kleine Tochter ist sieben Jahre alt. Sie heißt Helene. Sie freut sich, weil es keine Wölfe mehr gibt.« Ellie hat nun also eine Phantasie-Tochter, mit der sie gemeinsam schlafen geht, um nachts nicht allein zu sein.

Als wir uns nach einem Jahr wieder sprechen, zeigt sich, daß Ellie ihre Schlafprobleme dauerhaft überwunden hat.

Dieses Ritual, um die Wölfe und die anderen bösen Wesen zu vertreiben, ist deswegen so wirkungsvoll, weil der Vater selbst es ist, der Jagd auf sie macht und seiner Tochter damit gleichzeitig demonstriert, daß jetzt alles gut ist und sie deshalb nachts nicht mehr zu ihm ins Bett kommen muß. Diese Wirkung beruht auch ganz einfach auf der Tatsache, daß der Vater sich in seiner Beschützerrolle und »allmächtig« gezeigt hat. Das Kind fühlt sich sicher, und die Schlafprobleme verschwinden wie von Zauberhand.

Das nächste Beispiel betrifft eine ödipale Situation, die das Kind selbst klar benennt, ohne auf »böse« Tiere zurückgreifen zu müssen.

Julian ist eifersüchtig

Was wir den Eltern von Julian an Hilfe anbieten, ist im Prinzip die gleiche wie bei den allgemeinen Problemen mit Grenzsetzungen, die wir schon ausführlich beschrieben haben (siehe S. 67ff.). Dem dreijährigen Julian erkläre ich zudem, daß es vollkommen normal sei, bei seiner Mama im Bett schlafen zu wollen, daß er aber ab jetzt doch in seinem Bett bleiben solle, und zwar weil seine Eltern das möchten und weil sie furchtbar müde sind. Den Eltern sage ich, daß sie Julian konsequent zurück in sein Bett bringen und, wenn nötig, auch seine Tür abschließen sollen.

Eine Woche später zeichnet sich schon eine wirkliche Verbesserung ab, auch ohne daß die Eltern die Tür hatten abschließen müssen. Julian kam nur noch etwa jede zweite Nacht aus seinem Zimmer, und ich beglückwünsche ihn ausdrücklich dazu. Den Eltern schlage ich vor, wenn sie Julian nachts aufwachen hören, ihn mit ihrer Stimme zu beruhigen, etwa indem sie leise zu ihm hinüberrufen: »Schlaf, Julian, es ist noch zu früh zum Aufwachen, schlaf einfach weiter.« Nach zwei Wochen schläft Julian dann ruhig und ist nur ganz selten noch zu hören.

Mit der fünfjährigen Elke, die wissen will, was ihre Eltern nachts tun, habe ich alleine über eine Lösung verhandelt:

Elke ist neugierig

Mit Elke führe ich ein langes Gespräch darüber, daß Mädchen sehr oft am liebsten bei ihrem Papa schlafen möchten und das ganz normal sei; andererseits sei es aber leider nicht möglich, schließlich sei er ja schon mit ihrer Mama verheiratet. »Kinder heiraten erst, wenn

101

sie groß geworden sind, und dann schlafen sie auch gemeinsam mit jemandem in einem Bett. Außerdem freuen sich die Eltern überhaupt nicht darüber, wenn sie nachts beim Schlafen von ihren Kindern gestört werden«.

Ich mache mit Elke aus, daß sie von nun an fünf Minuten später als ihr kleiner Bruder ins Bett geht, schließlich sei er ja kleiner als sie. Die größeren weinen nachts sowieso nicht, aber sie gehen eben auch ein bißchen später schlafen. Abschließend sage ich ihr, sie solle ihre Mama daran erinnern, daß sie allein einschläft, falls sie am Bett sitzen bleiben möchte.

Zwei Wochen später kommen Elke und ihre Mutter wieder: Ab dem Abend nach unserem Gespräch sei Elke ohne Probleme alleine eingeschlafen und habe durchgeschlafen. »Wie ein Wunder« komme es ihr vor, sagt die Mutter. Elke zieht mich dann beiseite und sagt mir, wie ein Geheimnis, das sie hüten will, daß sie jetzt nicht mehr über all das reden möchte. Schließlich wolle sie nicht, daß jemand anderer von ihren Schlafproblemen erfahre und sich über sie lustig mache und sage, sie sei ein Baby. Außerdem vertraut sie mir an, daß nachts manchmal ihr Teddybär zu ihr ins Bett komme, ihr ein Küßchen gebe und sie furchtbar beim Schlafen störe.

Die Mutter von Elke kann ich beruhigen: Die Ödipusphase ihrer Tochter verlaufe völlig normal, und das Wichtigste sei geschafft: daß die Familie ihre nötige Nachtruhe bekommt.

Es kommt selten vor, daß ich bei Schlafproblemen, die verbunden sind mit der Ödipusphase, Kollegenhilfe eines Psychologen brauche. In den meisten Fällen sind die Eltern sehr gut in der Lage, ihrem Kind auch in dieser Phase Grenzen zu setzen, damit die Situation selbstbestimmt wieder in die Hand zu nehmen und ihrem Kind die fehlende Sicherheit wiederzugeben. Bei der fünfjährigen Leonie konnten die Eltern dies nicht spontan von sich aus (siehe S. 97f.):

Leonie fürchtet Schlangen und Einbrecher

Auch mit Leonie rede ich darüber, daß es ganz normal sei, daß sie zu ihrem Papa ins Bett wolle. Dann schlage ich ihr vor, daß sie Bilder mit Schlangenfallen malen und diese auf dem Boden vor ihrem Bett ausbreiten solle; außerdem erkläre ich ihr, daß sie ihrem Vater eine Freude machen würde, wenn sie nachts nicht mehr ins Elternbett käme, weil er furchtbar müde sei und ruhig schlafen müsse.

Nach vierzehn Tagen hat sich die Situation zwar etwas gebessert, aber Leonies Eltern gestehen mir, daß sie einfach keine Kraft haben, sie konsequent zurück in ihr Bett zu bringen, und sie deshalb doch wieder bei sich schlafen lassen. An diesem Punkt frage ich sie, ob sie bereit seien, die Familiensituation mit einem Psychologen unseres Teams durchzusprechen, um die Situation zu entdramatisieren und Leonie nicht mehr zur Bestimmerin über den Schlaf ihrer Eltern werden zu lassen. Nach zwei Beratungsterminen hat die Familie es dann geschafft, und Leonie schläft seither ohne Störungen in ihrem Bett.

Man darf sich jedoch nicht täuschen: Nicht jedesmal läuft alles auf eine gute und schnelle Lösung hinaus. Wenn die Eltern zum Beispiel nicht gemeinsam handeln oder gar unterschiedlicher Meinung über die ursächlichen Probleme sind, dann kann auch ich an der Situation nichts verbessern. Es ist durchaus möglich, daß einem Elternteil der Gedanke, daß sich überhaupt etwas ändern soll, gar nicht recht ist: zum Beispiel aufgrund der eigenen Befriedigung, die es bereiten kann zu sehen, wie sehr das Kind an einem hängt und einen braucht. Oder weil einer der Partner sich mittels der nächtlichen Störungen des Kindes vom anderen abwenden kann und dies gar nicht anders haben möchte. In solchen Fällen besteht wenig Aussicht auf praktikable, schnelle Lösungen, wie folgender Fall zeigt:

Ein erfolgloser Versuch

»Ich mag nicht schlafen«, sagt Benjamin zu mir. Der kleine Junge steht jede Nacht vier bis fünfmal auf, geht ins Schlafzimmer seiner Eltern und will dort schlafen. Er ist fünf Jahre alt und redet mit schmollender Stimme: daß er nicht länger ohne seine Eltern schlafen wolle und Angst habe, nicht einschlafen zu können, wenn er allein ist. Ich sage ihm, er solle doch alles, was ihm angst macht, aufmalen, und möchte, daß er mir verspricht, bis zu unserem nächsten Treffen seine Eltern nachts nicht mehr zu stören.

Eine Woche später sind die Eltern mit Benjamin wieder da. Er war in dieser Zeit nur einmal ins Schlafzimmer gekommen. Ich sage ihm, wie sehr ich mich darüber freue, und betrachte dann seine Bilder, die er mitgebracht hat: Auf einem sieht man einen Wolf auf der Straße vor ihrem Wohnhaus. Ein anderes zeigt einen Einbrecher, der zu einem Fenster hineinsteigt. Und ein drittes zeigt die Eltern zusammen in ihrem Bett. Als ich ihn darauf anspreche, antwortet Benjamin mir: »Ich bin ein bißchen sehr viel eifersüchtig.«

Dann sprechen wir allgemein über Gefühle von Jungen und Mädchen ihren Eltern gegenüber und daß alle Kinder solche Gefühle haben. Von Benjamin selbst kommt dann der Vorschlag, daß er ein anderes Zimmer haben möchte, eines, in dem er sich nachts mehr in Sicherheit fühlt. In das die Wölfe und Einbrecher nicht hineinkönnten. Seine Mutter stimmt dem gerne zu, während der Vater ganz und gar dagegen ist: Das Zimmer, von dem sein Sohn spreche, liege hinter ihrem Schlafzimmer, so daß Benjamin nachts, wenn er auf die Toilette gehe, immer hindurch müsse.

Hieran wurde klar, daß die Eltern ganz und gar nicht einer Meinung waren, was die nächtlichen »Störungen« ihres Sohnes betraf. Der Vater schien zu allem bereit, nur daß diese endlich aufhörten. Die Mutter hingegen war offensichtlich unentschieden. Ich verabschiedete die Familie mit einem neuen Termin wiederum in zwei Wochen. Sie erschien jedoch nicht und reagierte auch nicht auf unsere Briefe, in denen wir uns nach Benjamin erkundigten.

In diesem Fall hätte es wohl einer psychologischen Beratung bedurft, damit der Familienkonflikt gelöst würde. Dies zu initiieren ist jedoch ausgesprochen schwierig, wenn die Eltern daran kein Interesse oder divergierende Interessen haben.

Das ängstliche Kind

Jedes Kind kann ängstlich sein, und das in jedem Alter. Ein Säugling kann seine Anspannung durch Erbrechen ausdrücken, durch Schreien oder durch Schlaflosigkeit. Das größere Kind kann oft nicht mehr schlafen, wenn es ängstlich ist – wie viele Erwachsene ja auch. Ich hatte Kinder in Behandlung, die nicht mehr schliefen, weil sie den Schlaf mit einer traumatisierenden Situation verbanden. Diese Kinder fangen in dem Moment an zu weinen, wenn man sie ins Bett bringen will.

Kinder durchlaufen verschiedene Entwicklungsphasen, in denen sie besonders labil und anfällig für Ängste sind.

Die Gründe für diese Ängste sind oft – für die Kinder allemal – sehr real, auch wenn sie Erwachsenen vielleicht harmlos erscheinen. Eine Veränderung der Familienkonstellation beispielsweise kann von einem Kind als Bedrohung erlebt werden. Hierzu folgendes Beispiel:

Plötzliche Veränderungen in der Familie

Charlotte ist vier Jahre alt. Sie hat nachts Angst allein in ihrem Zimmer, auch wenn eine kleine Nachtleuchte brennt. Sie ruft nach ihren Eltern und steht immer wieder auf: weil sie noch Hunger hat oder was trinken möchte oder auf die Toilette muß oder noch schnell etwas Wichtiges erzählen muß, das sie heute erlebt hat ... Sie hat einen sehr leichten Schlaf und wacht bei dem kleinsten Geräusch auf. Tagsüber hat sie ebenfalls ein bißchen Angst: vor dem Nikolaus, vor dem Wind, vor Hunden und vor vielen anderen Dingen des täglichen Lebens. Manchmal hat sie Kopfschmerzen oder auch nicht genau zu ortende Bauchschmerzen, für die der dann konsultierte Kinderarzt keine genaue Ursache finden kann. Die Mutter erzählt, daß sie selbst als Kind ähnliche Ängste hatte, die dann mit der Zeit vergangen sind.

Charlottes Schlafprobleme haben vor rund einem halben Jahr angefangen, als ihre zwei älteren Brüder in ein Internat kamen. Das Familienleben scheint ohne Besonderheiten gut zu funktionieren, und wir können keine spezielle Problematik in Charlottes Leben ausmachen.

Um ihre Angst »wegzuzaubern«, schlage ich Charlotte erstens vor, mit unserer Psychologin über alles zu sprechen, und zweitens denken wir uns gemeinsam aus, was sie zu Hause tun könnte: daß sie jeden Abend vor dem Schlafengehen mit einer kleinen Melodie, zum Beispiel aus ihrem Lieblingslied, die kleinen

Ängste verscheucht, die nämlich selbst Angst bekämen, wenn Kinder singen oder pfeifen, wie ich Charlotte versichere, und daß sie der Dunkelheit laut sagt, daß sie ruhig kommen solle, sie habe keine Angst vor ihr.

Tatsächlich setzt Charlotte unsere gemeinsame Strategie um, und nachdem sie mit ihrer Mutter auch zweimal bei der psychologischen Beratung war, ist es geschafft: Sie schläft gut ein und wacht auch nicht mehr dauernd auf.

Erwachsenen können Ereignisse ganz unbedeutend erscheinen, die für Kinder jedoch traumatisierend sind. Charlotte wird den Weggang der Brüder ins Internat wie ein Verlassenwerden erlebt haben und Probleme haben, die kleiner gewordene Familie für sich wieder in ein Gleichgewicht zu bekommen. Ich habe auch Kinder erlebt, die mit ähnlichen Ängsten und Schlafproblemen auf das für sie plötzliche Verschwinden einer Bezugsperson reagiert haben, die nicht zum engeren Familienkreis gehörte, wie zum Beispiel eines Kindermädchens.

Dann gibt es auch Erlebnisse, die für Erwachsene ebenso einschneidend, wenn nicht traumatisch sind, wie schwere Krankheiten oder Unfälle: Bei der Rückkehr aus dem Krankenhaus können die Kinder oft nicht mehr wie gewohnt schlafen. Und nicht immer ist eine solche Reaktion spontan, sie kann sich auch auf ein länger zurückliegendes Ereignis beziehen, in der frühen Kindheit oder auch Babyzeit. Um dem Grund für aktuell bestehende Ängsten nachzuspüren, muß man manchmal also sehr genau auf die Lebensgeschichte des Kindes gucken und auch Details Aufmerksamkeit schenken.

Ein verängstigtes Kind zeigt oft ein Verhalten, das dem der Kinder ähnelt, die keine Grenzen haben oder respektieren; im Grunde ist es immer eine Strategie, um mit seinen Ängsten zurechtzukommen, genauer, sie zu unterdrükken. Wenn es groß genug ist, kann man in solchen Fällen

107

gemeinsam mit dem Kind ein Ritual schaffen, das ihm erlaubt, seine Ängste anzunehmen und sie aus eigener Kraft zu vertreiben. Kinder haben oft einen Sinn für den speziellen Humor, der in solchen »Verscheuchungsritualen« für ihre »dumme Angst« steckt. In der Regel braucht man hier auch keine fachliche psychologische oder psychotherapeutische Unterstützung – es sei denn, das Kind befindet sich in einem ernsthaft deprimierten oder depressiven Zustand, der sich von vergleichsweise einfacher Ängstlichkeit deutlich unterscheidet.

Hier der Fall des fünfjährigen John:

John

John ist nach Mißhandlung von seinen leiblichen Eltern in eine Pflegefamilie aufgenommen worden. Mit seinen fünf Jahren wirkt er eher wie ein Drei- oder Vierjähriger. Er ist matt und blaß, seine Mimik ist sparsam, und seine Augen gucken traurig. Die Pflegefamilie kommt zu mir, weil John, wie die Eltern sagen, so schlecht schläft: Er liegt Stunden mit offenen Augen in seinem Bett und rollt dabei seinen Kopf von einer Seite auf die andere. Schlafen tut er höchstens vier Stunden in der Nacht.

Mit dem Kind Kontakt aufzunehmen ist schwierig. John zeigt während der Sprechstunde die ganze Zeit ein unbewegtes, ängstliches Gesicht.

Im Fall von John handelt es sich tatsächlich um ein schwerwiegendes psychisches Problem, bei dem ich zu einer stationären Behandlung in einer kinderpsychiatrischen Klinik geraten habe. Mit medikamentöser Unterstützung konnte er dann nachts sechs Stunden schlafen, und auch die stationäre therapeutische Behandlung zeigte ihre positive Wirkung. Manchmal ist dies der einzig mögliche Weg, um Schlafprobleme in Folge von Depressivität zu lösen. Es handelt sich hier selbstverständlich nur um solche Kinder, die schwere Traumata wie sexuelle oder auch psychische Mißhandlung erlitten haben, bei denen ich immer eine kinderpsychiatrische stationäre Maßnahme empfehlen würde.

Die Ängstlichkeit der Erwachsenen

Kommen wir nun zu Situationen, in denen Ängste eines Elternteils oder beider verhindern, daß das Kind ein normales Schlafverhalten entwickeln kann. Das kommt eher selten vor, aber dennoch möchte ich Ihre Aufmerksamkeit auch auf solche Fälle lenken, die, einmal erkannt, in der Regel gut zu lösen sind.

Die Beispiele, die ich hier erzählen werde, haben gemeinsam, daß die Ängstlichkeit des Erwachsenen auf das Kind überspringt, das dann seinerseits unruhig wird – bis zu dem Punkt, daß es keinen Schlaf mehr findet.

Beginnen möchte ich mit dem Fall einer depressiv gestimmten Mutter: Kinder können es kaum verkraften, wenn es einem Elternteil psychisch schlecht geht, und dieser Kummer schlägt sich auf die Nachtruhe nieder. Der betroffene Erwachsene wiederum hat Probleme, zusätzlich einem unruhigen Kind gegenüber eine klare und feste Haltung einzunehmen. Eine solche Situation ist in zweifacher Hinsicht problematisch: Das Kind reagiert mit Ängstlichkeit auf die Depression des Elternteils, und zudem fehlt ihm, daß ihm Grenzen gesetzt werden.

Eine depressive Mama

Max ist neunzehn Monate alt, und er schläft fast nie. Tagsüber wie nachts wehrt er sich, in sein Bett gelegt zu werden und allein zu sein. Und feste Zeiten gibt es gar nicht, sondern er schläft dann ein, wenn er doch einmal

»umfällt vor Müdigkeit«. Nach zwei Stunden spätestens ist er jedoch wieder wach. Sein Schlaf ist sehr leicht und labil. Immer ist seine Mutter zur Stelle und schläft manchmal vor Erschöpfung dann mit ihm zusammen ein.

Tagsüber verhält er sich fahrig und sehr ängstlich. Er fängt zum Beispiel gleich an zu weinen, wenn jemand Unbekanntes auf ihn zugeht, oder wehrt sich panikartig, wenn seine Mutter ihm die Nägel schneiden will.

Max hat einen älteren Bruder, der ein Wunschkind war, während er selbst eher »aus Versehen« gekommen ist. Die Schwangerschaft verlief schwierig, seine Mutter mußte lange Zeit liegen. Sie wollte die Schwangerschaft am liebsten nicht zu Ende bringen, und nach der Entbindung verweigerte sie jegliches Essen. Seither ist sie in psychotherapeutischer Behandlung, und ihre Depression besteht weiter. Sie sagt, sich um Max kümmern zu müssen empfinde sie als aufzehrende Pflicht. Und wenn das Kind dann nachts auch noch schreie und unruhig sei, habe sie das Gefühl, vollkommen überfordert zu sein und nichts tun zu können.

Ich erkläre den Eltern, daß ich bereit bin, Max zu behandeln, aber daß er keinerlei Medikamente von mir bekäme. Mein Vorschlag ist hingegen, ihn in eine psychomotorische Therapie zu geben. Außerdem solle man trotz allem mit Max neue Regeln verabreden: daß um acht Uhr abends Schlafenszeit sei und daß er lernen solle, dies einzuhalten.

Nach zwei Wochen kommt die Familie wieder und kann berichten, daß Max inzwischen nachts zwölf Stunden lang durchschläft und obendrein tagsüber eine Stunde lang ein Nickerchen hält. Zwar macht er immer noch einen quengeligen Eindruck, aber er ist auffallend weniger unruhig und nervös. Wir verabreden, daß er die psychomotorische Therapie noch weiterführt und daß vor allem auch die neuen Regeln zu Hause weiter gelten.

Ich bin in diesem Fall also vorgegangen, als handle es sich um ein Grenzsetzungsproblem: einfache, klare Regeln, die die Eltern anwenden können, deren Motivation gestärkt wird durch den sichtbaren Erfolg.

Psychische Spannungen in der Familie, die sich natürlich auch durch eine unglückliche Paarbeziehung ergeben können, sind nicht so einfach als Ursache kindlicher Schlafprobleme zu diagnostizieren. Wir haben ja bereits gesehen, wie vielfältig diese Ursachen sein können. Zunächst gilt es immer abzuklären, ob nicht anderes in Frage kommt: Erziehungsmißverständnisse, fehlende Grenzen, auch physische Ursachen, die sich durch eine ärztliche Untersuchung aber meist ausschließen lassen. Zu irrtümlich angenommenen Krankheitsursachen von Schlafproblemen folgendes Beispiel:

Manon

Die Mutter der vierjährigen Manon sagt mir gleich zu Beginn der Konsultation, daß sie in Scheidung lebe und allein sei mit ihrer Tochter. Manon hatte ihr schon immer große Sorgen bereitet: als Säugling mit Atmungsaussetzern nachts, so daß sie sechs Monate lang einen Monitor zur Überwachung zu Hause installiert hatten. Im Alter von drei Jahren dann hatte Manon ständig Ohrenentzündung und Schmerzen im Bauchbereich. Untersuchungen hatten eine Übersäuerung des Magens ergeben, die mit einer speziellen Diät und Medikamenten behandelt wurde. Eine kürzliche Nachuntersuchung hatte ergeben, daß jetzt alles normal sei. Manons Mutter jedoch befürchtet, daß doch nicht alles in Ordnung sei, denn ihre Tochter habe weiterhin diese Schmerzen. Zu mir gekommen sei sie, weil Manon, mit der sie in einem Bett schläft, zwei Nächte zuvor wieder diese Atemaussetzer gehabt habe. Außerdem schliefe sie sehr unruhig, schwitze übermäßig und mache beunruhigende Atmungsgeräusche – als bekäme sie keine Luft. Ihr Verhalten tagsüber bleibe jedoch unverändert: Sie scheine überhaupt nicht müde zu sein, habe weder Kopfschmerzen noch sonstige Beschwerden und auch sonst scheine sie sehr stabil zu sein.

Während ich mit der Mutter rede, lehnt Manon seitlich an meinem Schreibtisch und macht einen vertraulichen, zufriedenen Eindruck. Abwechselnd betrachtet sie mich und ihre Mutter und hört dem Gespräch zu, als ginge es um etwas ganz anderes als um sie. Als ich die Mutter frage, ob es ihr lieber ist, gleich eine spezielle fachärztliche Untersuchung machen zu lassen, oder abzuwarten, ob sich dieser Zwischenfall wiederholt, lächelt Manon. Es scheint ihr gleich zu sein, wofür ihre Mutter sich entscheidet. Diese besteht mit Nachdruck auf einer sofortigen ärztlichen Untersuchung. Also vereinbare ich einen Termin im Schlaflabor der Pädiatrie.

Die Untersuchungen ergaben keine Anzeichen für nächtliche Atemprobleme oder sonstige medizinische Auffälligkeiten. Bei unserem zweiten Treffen in meiner Praxis zeigt Manons Mutter sich erleichtert über diesen negativen Befund und kommt alsbald auf ihre Scheidung zu sprechen. Sie erzählt sehr ausführlich, mit rauher Stimme, wobei sie unablässig die Hände knetet, von ihrem alkoholsüchtigen Mann, seiner Brutalität, vom Eingreifen eines Anwalts, von Besuchsverboten bei ihr und Manon, von Manons Anzeichen von Angst, daß sie bei ihrem betrunkenen Vater sein müsse, und so weiter. Nachdem ich lange zugehört hatte, beginne ich ihr zu erklären, daß die Bauchschmerzen und das beunruhigende Atmen sowie das ganze nächtliche Verhalten ihrer Tochter ein Reflex auf die Angst und Unruhe sei, die sie selbst habe. Ich rege sie an, sich psychologisch beraten zu lassen, was sie ohne weiteres begrüßt.

Einen Monat später, nach einigen Gesprächsterminen bei unserem Kollegen, rief sie an, um mir mitzuteilen, daß jetzt alles in Ordnung sei, Manon gut schlafe und sie unsere Hilfe nicht mehr brauchen. Ob das wirklich stimmt, können wir nicht sicher wissen, und auf spätere briefliche Nachfragen, wie es Manon gehe, reagierte sie nicht. Manons »Krankengeschichte« ist vielleicht doch nicht so gut verlaufen, wie ich es mir gewünscht hätte.

Typologie von Kindern ängstlicher Eltern

Ich unterscheide vier Grundtypen von Kindern, die alle aufgrund psychischer Probleme der Eltern die Rolle des schlechten Schläfers übernehmen: das Beschützer-Kind, das »Kind aus Glas«, das perfekte Kind und das »Blitzableiter-Kind«.

Das Beschützer-Kind

Manchmal erlebe ich Kinder, die ein Verhalten zeigen, als müssten sie den ängstlichen oder depressiven Erwachsenen beschützen. Sie übernehmen also quasi die Elternrolle für ein Elternteil. Hierzu folgende Fallgeschichte:

Dorothee

Dorothee ist drei Jahre alt. Sie schläft, wie sie schon als Säugling geschlafen hatte, im Bett ihrer Eltern, angekuschelt an ihre Mutter. Die Eltern haben vergeblich versucht, sie in ihrem eigenen Bett schlafen zu lassen, und auch die Gabe von leichten homöopathischen Mitteln zeigte keine Wirkung. Dann lassen sie mich wissen, daß die Mutter während ihrer Schwangerschaft ein

Krebsleiden entwickelt hatte, einen Abbruch jedoch abgelehnt und die nötige Chemotherapie auf einen Zeitpunkt nach der Entbindung verschoben hatte. Während der ganzen Sprechstunde sind Mutter und Tochter in ständigem körperlichen Kontakt, sie scheinen wie miteinander verschworen und auch in ihrem Verhalten aufeinander abgestimmt. Einmal rutscht der Mutter, als sie vom Schlaf ihrer Tochter berichtet, heraus: »Wir schlafen besser auf dem Rücken.«

Dorothee, auf dem Schoß der Mutter, hört aufmerksam zu und beobachtet genau. Als das Gespräch auf die Krebserkrankung kommt, lehnt sie sich fest an ihre Mutter, streichelt ihre Haare und murmelt: »Wieder alles gut, Mama.« Als wir dann zu den Schlafproblemen übergehen, verlangt Dorothee ihren Schnuller, klettert vom Schoß ihrer Mutter hinunter und beginnt mit den Spielsachen zu spielen, die es im Sprechzimmer gibt. Nachdem ich Dorothee erklärt habe, daß ihre Mama genug Grund gehabt hat, sich Sorgen zu machen, und wir deshalb versuchen wollen, daß sie jetzt allein schläft, rate ich der Mutter, psychologische Unterstützung in Anspruch zu nehmen. Sie zögert erst, sagt dann aber, darüber nachdenken zu wollen. Einige Tage später ruft sie in der Praxis an und bittet um einen entsprechenden Termin. Und noch einen Monat später hat sich das Familienleben so weit entspannt, daß Dorothee nun allein schlafen kann.

Bei Kindern, die eine Mutterrolle übernommen haben, rührt die Weigerung, allein zu schlafen, daher, daß sie glauben, ihre Beschützerrolle immer erfüllen zu müssen.

Kommen wir nun zu den Kindern, die »aus Glas« sind. Dort ist das Gegenteil der Fall: Das Kind kann nicht alleine schlafen, weil die Eltern es als viel zu zerbrechlich ansehen.

Das »Kind aus Glas«

Es gibt Eltern, die ihre Kinder wie kostbarstes Glas behandeln. Sie erscheinen ihnen so empfindlich, daß sie sie mit allen nur denkbaren Vorsichtsmaßnahmen umgeben, damit sie nicht »zerbrechen« oder krank werden. Alles dreht sich nur darum, einen möglichen Unfall oder eine Erkrankung zu verhindern. Das Kind verhält sich mit der Zeit ganz so, wie es den Erwartungen der Eltern entspricht, und nimmt diese ihm vermittelte Zerbrechlichkeit tatsächlich an. Es braucht immer Hilfe, zeigt keinerlei Selbständigkeit und scheint ohne seine Umgebung nicht überleben zu können. Das »Kind aus Glas« will abends oder nachts auch nicht etwa autonomer sein als tagsüber: Also kann es nicht alleine einschlafen und braucht bei jedem nächtlichen Aufwachen wiederum die Hilfe der Eltern.

Die Ursachen für diese Ängstlichkeit der Eltern können vielfältig sein, sie können aus der Familiengeschichte herrühren, aus besonderen Umständen während der Schwangerschaft oder aus der Geschichte des Kindes selbst.

Dies führt im Erziehungsverhalten wiederum zu dem Problem, daß keine Grenzen gesetzt werden und das Kind keine Verhaltensregeln vermittelt bekommt. Hingegen kommt es häufig vor, daß sich in diesen Familien Rituale herausbilden, die die Unsicherheit nur verstärken. Das Resultat sind dann vermehrte Unklarheiten hinsichtlich des nächtlichen Schlafens, die die Probleme nur noch größer machen. Es gibt zum Beispiel das Ritual, daß Eltern gemeinsam so lange am Bett ihres Kindes sitzen, bis es schläft, weil sie glauben, daß es sonst gar nicht einschlafe. Also tun sie ihr »Bestes«: ein glattes Mißverständnis, das das nächtliche Aufwachen nur noch verstärkt. Aber hören wir die Geschichte des kleinen Thomas:

Thomas, das zerbrechliche Zwillingskind

Thomas, fünfzehn Monate alt und ein hübscher Junge, hat seit seiner Geburt nicht eine Nacht komplett durchgeschlafen. Seit drei Monaten hat sich sein ohnehin schlechter Schlaf sogar noch verschlimmert, ohne daß es einen ersichtlichen Grund dafür gäbe. Er kann jetzt auch nicht mehr alleine einschlafen und wacht noch häufiger als früher auf. Tagsüber verhält er sich furchtsam, und während der Sprechstunde bei mir ist er die ganze Zeit an seine Mutter geschmiegt und guckt um sich ohne ein Lächeln. Er wirkt mühe, gähnt und reibt sich die Augen.

Thomas hat einen Zwillingsbruder, und die Schwangerschaft verlief sehr problematisch. Die Mutter mußte praktisch vom ersten Monat an liegen, und ihr Arzt hat sie mehrmals gewarnt, daß sie die Kinder verlieren könnte. Die Entbindung fand jedoch ziemlich genau zum errechneten Termin statt. Thomas Eltern erzählen, daß er ganz anders als sein Zwillingsbruder sei, nämlich besonders zart und empfindlich, und daß er die Geburt fast nicht überlebt hätte. Er wog vierhundert Gramm weniger und mußte in den Brutkasten, während sein Bruder bei der Mutter sein konnte. Später entwickelte Thomas Nahrungsunverträglichkeiten, zum Beispiel gegen Zuckerstoffe, er erbrach sich oft und mußte fünf verschiedene Milcharten durchprobieren. Seine Eltern sagen, daß sein Bruder ihm in allem voraus sei und er wesentlich mehr Zuwendung brauche. Er rufe bei jeder Gelegenheit nach seiner Mama und reagiere heftig auf jede Trennung, er würde deshalb auch in der Familie liebevoll »das Klammeräffchen« genannt. Seine Einschlafprobleme kennten sie an dem Brüderchen nicht.

Beide Kinder werden gegen acht Uhr abends hingelegt, jedoch getrennt: Während die Mutter sich um

Thomas kümmert, bringt der Vater dessen Bruder ins Bett, in einem eigenen Zimmer. Der Mutter steht dann ein ganzes Programm bevor: am Bett sitzen, den kleinen Thomas besänftigen, ihn streicheln und sanft den Rücken massieren, und fünfundvierzig Minuten Geduld aufbringen, bis er dann allmählich einschläft. Dann wacht er aber wieder auf, bis zu sechs, sieben Mal in der Nacht, und die Mutter ist wieder zur Stelle, redet ihm zu, streichelt ihn und so weiter.

Es war offensichtlich: Die Eltern behandelten Thomas wie ein rohes Ei und setzten damit dieses uns so bekannte Mißverständnis in Gang, bei dem für Thomas das Gestreicheltwerden und die Assistenz der Mutter zur Einschlaf- und Wiedereinschlaf-Regel geworden ist. Ich erkläre den Eltern diese Zusammenhänge und schlage vor, daß sie neue Regeln einführen und Thomas beibringen, wach in seinem Bett zu liegen und allein und selbständig einzuschlafen – nach der Methode des fortschreitenden Lernens. Thomas hört all diesem mit ernstem Gesicht und höchst aufmerksam zu.

Zwei Wochen später können die Eltern von großen Veränderungen berichten: Nicht nur hat Thomas sich vom ersten Abend an alleine hinlegen lassen – bald im Wechsel von Mutter und Vater – und nur wenige Minuten geweint, sondern auch sein Verhalten tagsüber zeigt seine neue Selbständigkeit. Zunächst wollte er vier Tage lang nicht frühstükken, zog sich von beiden Eltern zurück und vermied es, sie anzugucken, dann schien er seinen Weg gefunden zu haben und hörte auf, ein »Klammeräffchen« zu sein. Er spielt nun auch eine Zeitlang ganz allein in seinem Zimmer, macht von sich aus eine Stunde Mittagschlaf und – was vor allem wichtig ist – nimmt es mit seinem Bruder auf, und sei es, daß er sich »richtig« mit ihm anlegt, die vom Bruder geraubten Spielzeuge zurückerobert und sich auch bei Balgereien alles andere als zerbrechlich erweist.

Die Geschwindigkeit, mit der sich dieser Wandel bei Thomas vollzogen hat, zeugt davon, daß dieser für ihn selbst wohl eine Erleichterung gewesen ist. Nicht er war aus Glas, sondern seine Eltern haben um ihn herum ein Glashaus errichtet, aus dem er nun befreit ist.

Die tieferen Ursachen dafür, daß Eltern ihr Kind als so zerbrechlich ansehen, sind vielfältig. Zum Beispiel kann es gerade während der Schwangerschaft einen Todesfall in der nahen Familie gegeben haben, was die Eltern nicht spontan von sich aus erzählen, sondern was ich oft erst durch Fragen nach der Familiengeschichte erfahre. Oder es gab gesundheitliche Komplikationen während der frühen Säuglingszeit, manchmal auch Unfälle oder anderes, was das Vertrauen und die Sicherheit der Eltern im Umgang mit ihrem Kind nachhaltig erschüttert hat. Hierzu die Geschichte von Florian:

Florian

Florian hatte vor vier Monaten einen Schub von Fieberkrämpfen, der die Eltern in höchste Sorge versetzte, obwohl die Ärzte ihnen versicherten, daß dafür kein Anlaß bestehe und auch keine spezielle Behandlung nötig sei. Die Angst der Eltern steigerte sich noch, als ihr Sohn bei einem nächsten Fieberschub wieder einen Krampfanfall bekam. Jetzt haben sie ein krampflösendes Medikament zu Hause, das sie ihm verabreichen sollen, falls es wieder dazu kommt. Florian ist jetzt siebzehn Monate alt und hat immer schlecht geschlafen, aber seit drei Wochen weigert er sich, woanders als im Bett seiner Eltern zu schlafen, was für sie der Anstoß war, in die Sprechstunde zu kommen. Wir sprechen über das Thema Grenzen setzen und vor allem über ihre Angst um Florian.

Eine Woche später ist der nächste Termin. Die Eltern lassen ihren Sohn jetzt zwar nicht mehr in ihrem Bett schlafen, sondern in seinem eigenen, das sie allerdings im Elternschlafzimmer stehen haben. Wann immer er aufwacht, beruhigt die Mutter ihn mit ihrer Stimme und sagt ihm, daß er weiterschlafen solle, aber grundsätzlich hat sich an seinem Schlaf nichts geändert. Die Eltern geben auch zu, daß ihre Panik vor erneuten Krampfanfällen so groß sei, daß sie es nicht wagten, ihn nachts alleinzulassen. Obwohl ich eindringlich davon abrate, bleiben sie bei ihrem Entschluß, das Bettchen erst einmal bei sich im Schlafzimmer zu behalten. Sie verabschieden sich von mir mit der erklärten Absicht wiederzukommen, wenn sie sich dazu bereit fühlen, ihren Sohn definitiv allein schlafen zu lassen. Aber sie kamen nie wieder.

Das »Kind aus Glas« kann auch an einer richtigen körperlichen Beeinträchtigung oder gar Behinderung leiden, die bei den Eltern eine völlig natürliche Beschützerrolle aktiviert. Diese Umstände führen jedoch auch leicht dazu, daß sich Regeln und Grenzen verwischen oder es Mißverständnisse darüber gibt. Das Kind hat es schwerer zu verstehen, was die Eltern von ihm erwarten, und die Eltern werden möglicherweise Schuldgefühle haben, ihr behindertes Kind auch noch zu maßregeln und einzuschränken.

Solche Fälle kenne ich bei Familien mit Kindern, die zum Beispiel an einer erblich bedingten geistigen Krankheit leiden oder auch blind oder stumm sind. Aber selbst hier, wo die Eltern ein gesteigertes Bedürfnis haben, ihr Kind zu beschützen, tut es dem Kind offensichtlich gut, sich, was das Schlafen betrifft, an präzise Regeln halten zu können.

Hierzu möchte ich die Geschichte von Jeremy erzählen, die Mut machen kann, daß auch Situationen zu meistern sind, die zum Verzweifeln und ausweglos erscheinen:

Jeremy

Jeremy leidet an Trisomie 21, an »Mongolismus«. Er ist jetzt fünf Jahre alt, und seitdem er zwei war, ist sein Schlafverhalten immer problematischer geworden; auch Schlaf- und Beruhigungsmittel konnten nichts ausrichten. Jeremy hat nachts Angst und schreit jämmerlich, wenn seine Eltern nicht kommen und bei ihm sind. Ein Licht brennt die ganze Nacht in seinem Zimmer, und entweder der Vater oder die Mutter schlafen neben ihm im Bett und halten seine Hand. Und trotzdem wacht Jeremy bis zu fünf Mal auf.

Die Eltern waren verzweifelt, als sie zu mir kamen, und berichteten, daß ihr Kinderarzt ihnen geraten habe, Jeremy wegen seiner Schlafprobleme in ein Heim für behinderte Kinder zu geben. Sie würden alles tun, damit dies nicht nötig sei.

Ich lasse mir von Jeremy erzählen: seine Angewohnheiten, was er mag, was er nicht mag, wie er seinen Tag verbringt, seine Bedürfnisse. Daraus kann ich schließen, daß Jeremy in seinem ganzen Verhalten eher einem Zweijährigen gleicht, und gebe der Mutter die Anregung, sie solle sich die Schlafprobleme von Jeremy als die eines zwei Jahre alten Kindes vorstellen und auch so mit ihnen umgehen: Jeremy müsse zunächst die Erfahrung machen, daß es Grenzen und Regeln gibt. Hat er diese Grenzen, wird er sich sicherer fühlen und daran wachsen können, auch wenn er am Anfang dagegen rebelliert. Ich erkläre den Eltern dann, wie sie im einzelnen vorgehen sollen, und rate auch dringend dazu, die Tür abzuschließen, wenn es nötig sein sollte.

In diesem Moment – ich hatte es kaum ausgesprochen – schaltet Jeremy sich plötzlich ein, wiederholt mit wütender Stimme wie ein Papagei, was ich gerade gesagt habe, und will aus dem Sprechzimmer hinaus-

stürmen. Sein Vater hält ihn jedoch gerade noch davon
ab, worauf Jeremy um sich haut und schreit, daß er
nicht will, daß seine Tür abgeschlossen wird.
Eine Woche später kommt die Familie wieder zu mir.
Die Situation zu Hause hat sich ziemlich gebessert. Am
ersten Abend des »Schlafenlernens« hat Jeremy einen
gewaltigen Wutanfall bekommen, als die Eltern doch
die Tür zugeschlossen haben. Aber seither schläft er
recht gut und wacht auch nur gelegentlich noch auf, so
zwischen drei und fünf Uhr morgens. Und abends sagt
er von sich aus, daß er jetzt schlafen gehen wolle, läßt
die kleine Lampe aber brennen. Von einer Heimunter-
bringung ist jedenfalls nicht im mindesten mehr die Rede. Und die Dinge entwickeln sich gut weiter: Nach drei
Monaten wacht das Kind zwar noch einmal in der Nacht
auf, aber sehr kurz, und die Eltern behalten ihre Festigkeit, was das Schlafverhalten betrifft, konsequent bei.

An diesem Beispiel sieht man einleuchtend, daß selbst Kin-
der, die geistig beeinträchtigt sind, unter dem Fehlen von
Verhaltensrichtlinien leiden. Wenn das erlernte ungünstige
Verhalten korrigiert wird, bessert sich automatisch der
Schlaf eines Kindes, selbst wenn die neurologischen Pro-
bleme weiterbestehen.

Das perfekte Kind

In diesem Abschnitt unserer Typologie von Kindern ängst-
licher Eltern geht es um die nächst höhere Altersklasse, um
das ältere »Kind aus Glas«. Es wird jetzt nicht mehr als so
zerbrechlich betrachtet, und trotzdem ist die Angst der
Eltern, seine Gesundheit und sein Wohlergehen betreffend,
die gleiche geblieben. Das Kind paßt sich dem aus Kräften
an: Es tut alles, um seinen Eltern Sicherheit zu geben, und
entwickelt ein Verhalten, das es zu einem perfekten Kind

121

geraten läßt – oder besser: zu einem fast perfekten, denn nachts kann es nicht schlafen.

Hier die Geschichte von Billie, dem zu artigen, perfekten Kind:

Billie

Die Mutter von Billie, der gut fünf Jahre alt ist, kommt ohne ihren Sohn in meine Sprechstunde. Sie ist eine große, schöne Frau um die vierzig, Ärztin von Beruf, und erklärt gleich zu Beginn, daß ihr Familienleben absolut harmonisch sei. Ihr etwas älterer Mann ist ein bekannter Chirurg, der von seiner Arbeit sehr beansprucht ist.

Sie sei ohne ihren Sohn gekommen, weil sie ihn für zu sensibel und empfindlich halte, als daß er bei diesem Gespräch dabei sein könnte. Sie redet ohne Pause weiter: daß er als kleines Kind immer wieder in neuropsychologischer Behandlung gewesen sei, weil er sich beim Einschlafen auffällig immer hin- und hergedreht habe, dann wegen Schwierigkeiten in der Tagesstätte, dann erneut wegen Schlafproblemen. Der Kinderpsychiater habe sie hinsichtlich des Verhaltens ihres Sohnes zu beruhigen versucht, aber sie mache sich weiterhin Sorgen um seine Zerbrechlichkeit. Abends schliefe er nicht ohne sie ein, und die ganze Prozedur dauere manchmal bis zu zwei Stunden. In der Nacht dann wache er mehrmals auf und verlange nach seinen Eltern.

Billies Mutter schildert ihn als ruhiges und sanftes Kind, tagsüber vollkommen unproblematisch, zu Hause wie in der Tagesstätte. Er wird nie böse und ist immer höflich und zurückhaltend. Seine Eltern liebt er über alles, ebenso wie seine Großeltern, die im selben Haus wohnen. Oft ist er krank. Seine ganze frühe Kindheit hatte ihn eine bakterielle Meningitis begleitet, an der er im Alter von zwei Monaten erkrankt war. Der Kinderarzt hatte ihn schon aufgegeben, aber glücklicherweise nahm die Krankheit eine nicht mehr lebensbedrohliche Wendung. Billies Familie ist jedoch seither in ständiger Sorge, sobald er krank wird oder auch nur angestrengt und müde ist.

Billie selbst kommt eine Woche später zu mir in die Praxis, mit seiner Mutter und auch seinem Vater. Dieser, ein sympathischer, gelassener Mann, sagt, während er noch Platz nimmt, daß Mutter und Sohn abends, wenn es ums Schlafen gehe, Schwierigkeiten hätten, sich zu trennen. Dies bleibt sein einziger Einwurf während der ganzen Sprechstunde.

Billie ist ein sehr hübscher Junge, ausgewählt angezogen und mit vorbildlichen Manieren. Er sitzt mit artig nebeneinander gestellten Beinen auf seinem Stuhl und hält seine Hände auf den Knien. Sein Blick ist die ganze Zeit auf den Schreibtisch gerichtet. Neben ihm sitzt auf einem dritten Stuhl seine Mutter.

Unser Gespräch verläuft folgendermaßen: Als ich Billie nach dem Schlafen frage, bestätigt er, daß er nicht allein einschlafen kann, äußert aber nichts von Angst oder dergleichen. Als er ausführlich über seine Vorschule berichtet hat und darüber, was er gerne spielt, frage ich ihn, ob er »schlimme Wörter« kenne, etwa »Pipi« oder »Kacka« oder »Scheiße« ... Billie guckt mich überrascht an und findet es lustig, aber er bleibt stumm und wagt nicht zu antworten. Seine Eltern rühren keine Miene.

Dann schlage ich vor, daß Billie etwas malt: ein Bild seiner Katze. Er tut es, und dann fragt er mich im Gegenzug, ob ich nicht einen Hund malen könne. Als ich ihm dann eine Linie auf das Papier zeichne und etwas darüber einen Punkt und dazu erkläre, dies sei ein Hund ganz weit hinten auf einer großen Wiese, freut er sich und hat großen Spaß an der Sache. Das Gespräch nimmt jetzt eine Wendung, ist weniger sachlich und wird lebendiger.

Ich habe begonnen, ihm das Schlafenlernen zu erklären, und als ich zu dem Punkt komme, daß unter Umständen auch seine Zimmertür abgeschlossen werden müßte, wird er ganz aufgeregt: nein und noch mal nein, und dann wird seine Stimme immer lauter, und er schreit schließlich: »Scheiße, Kacke, Arschloch«. Er haut blind um sich, zerknüllt die Bilder auf dem Tisch und wirft damit nach mir. Er macht einen solchen Aufruhr, daß ich selbst laut werden muß, um mir noch Gehör zu verschaffen und ihm unbeirrt auch den Gebrauch des magischen Schlafhefts zu erklären. Jetzt springt Billie abrupt von seinem Stuhl hoch und verkriecht sich unter dem Tisch zwischen uns. Die Sprechstunde ist beendet, die Eltern bedanken sich mit unsicherem Lächeln, und Billie stürmt aus dem Zimmer und brüllt, daß er nie mehr wiederkomme.

Auch selbst von der Entwicklung des Gesprächs etwas überfahren, denke ich spontan: Richtig, das wird er nicht.

Zwei Wochen später sind er und seine Mutter wieder da. Wie aufgeblüht berichtet sie, was geschehen war: Gleich am Abend dieser ersten Konsultation hatte Billie sich ohne Probleme schlafen gelegt, allein. Inzwischen hat er sich seinen Teddybären als ständigen Schlafgenossen erkoren, was er bis dato nie wollte. Tagsüber ist er in allem wesentlich selbständiger, und er hat aufgehört, die ständige Nähe seiner Mutter zu suchen.

Billie hat offensichtlich die Möglichkeit bekommen, kein perfektes Kind mehr zu sein und trotzdem eines, um das seine Eltern sich sorgen. Mit fünf Jahren hat er das Recht entdeckt, wild zu sein, sich unmöglich zu benehmen und nicht aufs Wort zu gehorchen, ohne dabei einzubüßen, geliebt zu werden. Er konnte jetzt spielen und selbständig sein, ohne immer groß und artig sein zu müssen. Zusammengekauert unter einem Tisch oder am Abend mit seinem Teddybär darf er ein ganz kleiner Junge sein. Er hat sich einen Weg Richtung Autonomie gebahnt, und das in einer sehr miteinander verschweißten Familie, in der Selbständigkeit schnell in die Nähe von Abtrünnigkeit gerückt wird.

Billies Revolte in dieser ersten Sprechstunde hat Billie möglicherweise den Schlüssel in die Hand gegeben, mit dem er eine Tür Richtung Freiheit aufgemacht hat.

Das »Blitzableiter-Kind«

Das »Blitzableiter-Kind« erfüllt seine Funktion, die Eltern zu beschützen, indem es sich verpflichtet fühlt, die Verantwortung für alles, was der Familie passieren könnte, auf sich zu laden. Man könnte es auch das »Problem-Kind« oder »Sympton-Kind« nennen. Es selbst zieht alle Aufmerksamkeit auf sich und wird zu einem Problem in der Hoffnung, die Eltern damit vor Problemen zu bewahren. Die ganze elterliche Energie wird von ihm absorbiert, was den Eltern keinerlei Spielraum läßt, ihre eigenen Probleme auszutragen. Ein solches Kind, das seine Eltern als Paar beschützt, fühlt sich allmächtig und verantwortlich dafür, daß Beziehungskonflikte nicht ausbrechen. Um hier die Kontrolle zu behalten, ist ihm alles recht, und wenn es ihm den Schlaf kostet. Daß sich dieses Kind nicht in einer vergleichsweise einfachen Situation befindet wie in der des Eltern-Kind-Mißverständnisses oder daß ihm feste Grenzen fehlen, bemerkt man, wenn man genauer hinguckt: Es ist in eine wesentlich kompliziertere Situation verstrickt. Hierzu die Geschichte des knapp zweijährigen Tony:

Tony

Tonys Eltern sind vollkommen erschöpft. Seit der Geburt ihres Sohnes, der jetzt zweiundzwanzig Monate alt ist, hatten sie keine ruhige Nacht, und es kommt ihnen vor, als würde es immer schlimmer. Damit er besser schlafen kann, haben sie sein Bettchen mehrmals umgestellt, es auch mit einem anderen Zimmer versucht, dann leichte Schlafmittel gegeben, ebenso einen speziellen Beruhigungssaft – aber alles vergebens. Tony weigert sich einzuschlafen. Er jammert und macht ein derartiges Theater, wenn seine Eltern ihn hinlegen wollen, daß sie dazu übergegangen sind, ihn abends in einem Sessel bei laufendem Fernseher zwischen sich zu haben. Irgendwann – es kann Mitternacht werden – schläft er dort ein und wird dann vorsichtig in sein Bettchen getragen, das neben dem Bett der Eltern steht. Es dauert aber nicht lange, bis Tony wieder aufwacht, unruhig ist und weint und die Eltern so fordert, daß sie ihn schließlich in ihr Bett holen.

Tagsüber ist Tony gereizt und unleidlich und verlangt ständige Aufmerksamkeit. Er hat ein Ekzem an den Knien und Ellbogen entwickelt, aber alle Untersuchungen auf eine mögliche Allergie hin brachten kein Ergebnis. Der Arzt, der die Familie an uns überwiesen hat, gibt uns den Hinweis, daß die Eltern Beziehungsprobleme hätten. Die Spannung zwischen ihnen ist auch während der Sprechstunde stark spürbar. Tony hört dem Gespräch zu und spielt unterdessen. Er wirkt müde, ist blaß und hat Ringe unter den Augen. Für sein Alter spricht er noch recht wenig. Seine Eltern sagen mir, daß ihr Sohn »mit offenen Augen« zu schlafen scheine und ihnen dann manchmal wie ein »Zombie« vorkäme.

Wir sprechen ausführlich über die Vorgehensweise, mit der zunächst die Mißverständnisse zwischen ihnen und ihrem Sohn hinsichtlich des Schlafens ausgeräumt würden, und Tony gebe ich ein Schlafheft in die Hand, das er gleich an sich drückt.

Nach einer Woche ist sein Schlaf etwas besser geworden: Das Hinlegen geht jetzt ohne Probleme, und er schläft auch schnell ein, aber immer noch wacht er nachts zwei bis sieben Mal auf. Tagsüber geht es ihm ebenfalls besser, er ist im ganzen lebhafter und fröhlicher und macht sogar einen Mittagsschlaf. Trotzdem – es bleibt das Problem, daß Tony nachts immer wieder aufwacht und erst im Elternbett Ruhe gibt. Als ich mit seiner Mutter darüber sprechen will und ihr Verschiedenes vorschlage, erzählt sie, daß ihr Mann sich gegen eine Veränderung sperren werde und daß es oft furchtbaren Streit zwischen ihnen gäbe. – Jetzt kann ich mir vieles erklären: warum der kleine Tony mit allen Kräften nachts wach und zwischen seinen Eltern sein will, erst im Sessel und später dann im Bett. Er fungiert als Blitzableiter: weil er alles mitbekommen muß, was zwischen seinen Eltern passiert, versetzt er sich selbst in eine permanente Wachsamkeit.

Tony lenkt also das Donnerwetter auf sich, um das Elternpaar davor zu beschützen. Er gibt ihnen Grund zur Sorge, stört und hält sie auf Trab und macht sie auch wütend. Aber auf diese Weise geht er sicher, daß seine Eltern sich zumindest in ihrem Ärger über ihn einig sind. Ich schlage den Eltern vor, daß sie eine entsprechende Beratung machen, die ihnen sicherlich helfen würde, aber sie lehnen das Angebot ab. Auch kommen sie nicht zu einem weiteren Termin zu mir.

Ein halbes Jahr später trennen sie sich, der Vater zieht von zu Hause aus, und es dauert nur wenige Tage, bis Tony daraufhin vollkommen problemlos und normal die Nächte durchschläft. Für ihn war das der einzige Weg, seinen richtigen

Platz wieder einnehmen zu können, nämlich den des Kindes und nicht des Beschützers seiner Eltern und ihrer Ehe.

Hier noch einmal die Hauptursachen, warum es zu Grenzproblemen zwischen Eltern und Kindern kommen kann:

Die Eltern erlauben es sich nicht, zu ihrem Kind Nein zu sagen,

- wenn sie als Kinder ebenfalls ohne klare Grenzen aufgewachsen sind und deshalb kein entsprechendes Erziehungsmodell haben;
- wenn Kindertränen für sie das Schlimmste sind;
- wenn sie ihr Kind adoptiert haben;
- wenn die Familie keinen geregelten Alltag hat;
- wenn die Eltern zu wenig Zeit für das Kind haben;
- wenn die Wohnverhältnisse unpassend sind;
- wenn kulturbedingte gegensätzliche Auffassungen in der Familie herrschen.

Die Eltern sind zu unsicher, um Nein zu sagen,

- wenn sie vom Partner getrennt leben;
- wenn das Kind ein Nesthäkchen ist.

Die Eltern empfinden das Bedürfnis des Kindes als zu überwältigend, zum Beispiel

- in der Ödipus-Phase.

Die Eltern sind zu ängstlich, um Nein zu sagen,

- wenn ein Elternteil an Depressionen leidet;
- wenn ein Elternteil durch familiäre oder Beziehungskonflikte belastet ist;

und das Kind eine der folgenden Rollen annimmt:

* als Beschützer-Kind;
* als »Kind aus Glas«;
* als perfektes Kind;
* als »Blitzableiter-Kind«.

Das Wissenswerte zu nächtlichen kindlichen Ängsten hier nun auf einem Blick:

Auf einen Blick:
Ursachen nächtlicher kindlicher Ängste

Ein Kind kann sehr reale Ängste vor der Dunkelheit und der Nacht entwickeln, die ihm die Ruhe und Sicherheit rauben, die es braucht, um allein einschlafen zu können. Die Ängste sind meistens gekoppelt mit dem Repertoire an Geschichten, die Kinder im Kopf haben, und deren »Personal«: Wölfe, Schlangen, Hexen und andere düstere Nachtgestalten. Häufig erscheinen diese Ängste im Kontext der ödipalen Entwicklungsphase, sie können aber auch ganz andere, davon unabhängige Ursachen haben – Ursachen, die Erwachsenen möglicherweise unspektakulär und ohne tiefere Bedeutung erscheinen.

Man kann einem Kind, das unter Ängsten leidet, zum Beispiel mit Spielen helfen, mit Humor, mit der Phantasie, allmächtig zu sein, so daß es einen Weg findet, um quasi Herr über seine Ängste zu werden.

Das Kind lebt jedoch in einem Familienverbund, und sein Verhalten kann auch die Qualität des Familienlebens und des Umgangs miteinander spiegeln. Man muß daher bei der Ursachenforschung immer auch mitbedenken, welche Faktoren in der Umgebung des Kindes sein Verhalten mitbestimmen könnten.

Wenn die Behandlungsmethoden, mit denen man Schlafprobleme aufgrund mißverständlichen Erziehungsverhaltens korrigieren kann, nicht greifen oder die Situation sich gar verschlimmert, liegt es nahe, nach tieferliegenden Ursachen zu forschen. Unter Umständen ist auch eine psychologische Beratung in Betracht zu ziehen – allerdings nur, wenn die Eltern dies ebenfalls befürworten.

Das mißhandelte Kind

Was signalisiert ein mißhandeltes Kind?

Wenn ein Kind geschlagen wird, sexuell mißbraucht wird oder auch verbaler Aggressivität oder emotionalem Druck ausgesetzt ist, kann sich sein Leid in körperlichen Beschwerden wie Bauchweh oder Kopfschmerzen manifestieren. Und es kann seinen Schlaf verlieren. In solchen Fällen zeigen die oft von den Eltern veranlaßten medizinischen Untersuchungen selbstverständlich keinerlei signifikante Ergebnisse. Die wahre Ursache der Ängste eines solchen Kindes können wir aus seiner Lebens- und Familiengeschichte erschließen, bisweilen auch über die Bilder, die es malt.

Hierzu folgende Geschichte:

Mißhandelt und eingesperrt

Gilles ist vier Jahre alt. Als er ein paar Ferientage bei Freunden seiner Eltern auf dem Land verbrachte, nahm der älteste Sohn dieser Familie ihn eines Abends mit in die Scheune. Dort zog er ihn mit Gewalt aus, mißhandelte ihn sexuell, schlug ihn, schloß ihn anschließend in einem winzigen Raum ein und hielt ihn dort die ganze Nacht gefangen. Am nächsten Morgen waren die Gasteltern in ihrer Unwissenheit zunächst einmal beunruhigt durch das Verschwinden ihres eigenen Sohnes. Sie starteten eine Suche und dabei wurde, erst gegen Mittag, auch der kleine Gilles entdeckt, zitternd vor Angst und Kälte in seinem dunklen Gefängnis.

Dieses Geschehen ist jetzt fünf Monate her, und seitdem weint Gilles und bekommt Angst, sobald es abend wird. Er läßt seine Eltern weder das Licht auslöschen noch die Tür zumachen, wenn für ihn Zeit zum Schlafen ist, was vorher völlig problemlos verlief. Die Eltern haben versucht, ihm gut zuzureden, aber ohne Erfolg. Das Schlafengehen ist jetzt immer schwierig und verbunden mit Weinen, Schreien und wiederholten Rufen nach den Eltern. Und jede Nacht zwischen zwei und vier Uhr morgens wacht er mehrmals auf, kommt weinend in das Schlafzimmer der Eltern und schläft nur dort, fest an sie geschmiegt, wieder ein.

Auch tagsüber zeigt Gilles sich ängstlich und verschreckt. Ständig muß jemand in seiner Nähe sein, selbst auf die Toilette will er begleitet werden. In der Vorschule zeigt er nach wie vor gute Leistungen, hat sich jedoch zurückgezogen und meidet in den Pausen den Kontakt mit älteren Kindern.

Während der ganzen Sprechstunde bei mir sitzt Gilles mit gesenkten Augen da und nickt zu dem, was seine Eltern erzählen, oder verzieht das Gesicht zur Grimasse.

Welche Lösungsvorschläge können wir hier anbieten? Durch sexuelle Mißhandlung traumatisierte Kinder brauchen besondere Hilfestellung, um wieder Zugang zu einem normalen Schlafverhalten zu gewinnen. Zunächst rate ich den Eltern, mit Gilles unsere Kinderpsychologin aufzusuchen, um in gemeinsamen Gesprächen Gilles Ängste zumindest zu lindern. Gilles sage ich außerdem, daß er jeden Abend ein Bild von dem, was ihm Angst macht, malen und morgens Einträge in das magische Schlafheft machen solle.

Die nächste Sprechstunde findet eine Woche später statt; inzwischen war auch schon der erste Termin für eine psychologische Beratung. Gilles geht es sichtlich besser. Er schläft jetzt gut in seinem eigenen Zimmer ein, das Licht jedoch bleibt noch an und auch die Tür steht weiterhin offen. Während ein, zwei Nächten ist er auch noch aufgewacht und in das Schlafzimmer seiner Eltern gekommen, ließ sich jedoch in sein Bett zurückbringen und schlief dort weiter. Die letzten drei Nächte ist er dann gar nicht mehr aufgewacht. Er besteht jedoch darauf, abends mit seiner Mutter das Zimmer zu kontrollieren, ob nicht das Fenster aufsteht oder irgend etwas anderes ihn beunruhigen könnte.

Seine Bilder hat Gilles alle mit einem schwarzen Stift gemalt. Eines zeigt ein geschlossenes Auge in einem engen, schwarzen Raum, ein anderes urzeitlich bedrohliche Tiergestalten, noch ein anderes Gilles selbst in Grün und lachendem Gesicht, jedoch bedroht von einem schwarzen Untier, das ihn beißen will.

Es braucht noch zwei weitere Sitzungen bei der Psychologin, bevor Gilles wieder zu seinem normalen Schlaf findet.

Dieses Beispiel ist natürlich eher ein Ausnahmefall. Aber wir müssen immer mitbedenken, daß die Schlaflosigkeit eines Kindes ein Alarmsignal ist, das manchmal eben auch leidvolles Geschehen ans Tageslicht bringt. Wichtig ist auch zu wissen, daß das unnormale oder seltsame Verhalten eines Kindes seine Art und Weise sein kann, so gut wie möglich mit einer problematischen Situation zurechtzukommen. Kinder besitzen noch dieses magische Denken, das ihnen den Glauben daran gibt, sie hätten kraft ihres Verhaltens Einfluß auf Dinge und Menschen. Wenn das Kind sich sperrt, darüber zu reden, geben seine Zeichnungen manchmal Aufschluß über seine Gedankenwelt.

Es ist also bei bestimmten Schlafproblemen mit Erklärungen und praktischen Ratschlägen längst nicht getan; sie erfordern eine fachliche psychologische Beratung und Hilfestellung.

5 Körperliche Ursachen der Schlaflosigkeit

»Ich fürchte, daß mein Kind nicht schlafen kann, weil es irgendeine Krankheit hat.«

Machen Sie sich keine Sorgen, das kommt sehr selten vor. Krankheitsbedingte Schlaflosigkeit liegt in weniger als den fünfzehn Prozent der Fälle vor, in denen keine der üblichen verhaltensorientierten Behandlungsmethoden anschlägt. Aber nichtsdestotrotz gibt es diese körperlichen Ursachen natürlich. Deshalb glaube ich, daß es wichtig ist, beurteilen zu können, wie ein Kind sich verhält, das nicht schlafen kann, weil irgend etwas gesundheitlich mit ihm nicht stimmt.

»Wann müssen wir befürchten, daß die Schlaflosigkeit körperliche Ursachen hat?«

Die allermeisten Fälle von Schlafproblemen entstehen durch falsches Erziehungsverhalten. Dennoch müssen wir immer auch in Betracht ziehen, daß diese verhaltensbedingten Ursachen möglicherweise auf tieferliegende medizinische Probleme zurückzuführen sind.

Ich erwäge immer dann ein medizinisches Problem als Ursache, wenn das nächtliche Weinen besonders schlimm ist oder wenn die verhaltenskorrigierenden Maßnahmen in auffälliger Weise nicht greifen. Oder wenn die Lebensgeschichte des Kindes oder die medizinische Routineuntersuchung Hinweise auf organische Probleme geben. Solche Probleme können sporadisch auftauchen und von selbst wieder vergehen, zum Beispiel wenn es sich um Verdauungsprobleme handelt, um Zahnen oder um Magen-Darm-

Infektionen. Andere Probleme wie chronische Otitis oder Harnweginfektionen sind hartnäckiger. Doch deren Diagnose ist schwierig, weil diese organischen Probleme oftmals nicht augenfällig zutage treten.

In diesem Kapitel werden wir auf einige medizinische Ursachen für Schlaflosigkeit näher eingehen und dabei besonderes Augenmerk darauf legen, wo die Grenze zu den genuin verhaltensbedingten Schlafproblemen verläuft. Es geht hier vor allem darum, daß Sie lernen einzuschätzen, wann es nötig ist, einen Kinderarzt zu konsultieren.

Wenn Schmerzen das Kind wachhalten

»Woran kann ich erkennen, ob mein Baby weint, weil es Schmerzen hat?«
Vertrauen Sie auf Ihr Gefühl! Wie die meisten Eltern können auch Sie sehr wohl unterscheiden, warum Ihr Kind weint: ob vor Müdigkeit, vor Durst oder weil es überreizt ist oder ihm eben etwas weh tut. Auch die Tageszeit gibt Ihnen Anhaltspunkte dafür, ob es hungrig ist, Verdauungskrämpfe hat oder ob es einfach Ihre Zuwendung möchte. Ebenso wird die Art und Weise, wie das Kind sich wieder beruhigt, nachdem es zu trinken oder sonstige Zuwendung bekommen hat, Ihre Ahnung bestätigen, was das Weinen zu bedeuten hatte.

Wenn aber tatsächlich nichts hilft und Ihr Kind Ihnen auffällig unruhig oder unwohl vorkommt, dann sollten Sie sich fragen, ob nicht ärztlicher Rat gebraucht wird.

Aber schauen wir uns einige Fälle schmerzbedingter Schlaflosigkeit näher an. Zunächst ein Beispiel für Verdauungskrämpfe.

Verdauungsprobleme und Koliken

Yannick hat Bauchkrämpfe

Yannick ist knapp vier Monate alt. Seit sechs Wochen weint er nur noch. Jeden Tag am späten Nachmittag fängt er an und weint ohne Unterbrechung vier bis sechs Stunden lang, bis er endlich, völlig erschöpft, spät nachts einschläft. Sein ständiges Schreien bringt die Eltern zur Verzweiflung. Der Kinderarzt, den sie aufgesucht haben, konnte keine andere Erklärung finden als die, daß Yannick Koliken hat. Aber die Eltern konnte das nicht überzeugen, sie fragen sich, ob es nicht doch andere Gründe dafür gebe, daß ihr Baby immer derartig weint. Sie kommen in meine Sprechstunde mit der besorgten Frage, ob Yannick nicht eine »richtige« Schlafstörung haben könnte.

Auf meine entsprechenden Fragen hin versichern mir die Eltern einhellig, daß Yannicks Schreien sich anhört, als habe er schlimme Schmerzen. Ich untersuche ihn auf Leistenbruch und mögliche Infektionen, die mit Schmerzen verbunden sein können, finde aber nichts dergleichen. Auch die hinzugerufene Diätärztin, die sich Ernährung und Eßverhalten von Yannick detailliert beschreiben läßt, kann nichts entdecken, was seine Schmerzen erklären könnte. Auch deutet nichts auf Probleme der Atemwege oder eine Übersäuerung des Magens hin.

Aus den Erzählungen der Eltern geht noch hervor, daß das Schreien etwas nachläßt, sobald sie Yannick auf den Bauch legen, und daß er außerhalb seiner Schreizeiten einen gleichbleibend guten Appetit hat. Und einmal eingeschlafen, solange es auch dauern möge, habe er einen ruhigen und festen Schlaf.

Ich kann die vom Kinderarzt gestellte Diagnose nur bestätigen: Yannick hat Darmkoliken, und die renken sich im Verlauf von wenigen Wochen von selbst wieder ein.

Koliken sind sehr häufig. In mehr oder weniger intensiver Form kommen sie bei allen Säuglingen vor, in der Zeit vom zweiten bis zum vierten Lebensmonat mit dem typischen plötzlichen und wiederkehrenden Weinen und Unruhigsein. Das Baby schreit, zappelt und krümmt sich so zusammen, daß es die Knie hoch an den Bauch zieht. Im ganzen scheint es vollkommen untröstlich zu sein. Die kritische Zeit beginnt gewöhnlich am späten Nachmittag und kann sich bis in die Nacht hineinziehen. Schließlich beruhigt sich das Kind und schläft erschöpft ein.

Über die Ursachen von Koliken weiß man recht wenig. Es gibt unterschiedliche Erklärungen: Sie könnten Folge einer übermäßigen Darmgasbildung sein, die durch die Fermentierung von nicht vollständig resorbiertem Zucker entsteht. Man diskutiert auch die Möglichkeit exzessiver Darmbewegungen des Säuglings, möglicherweise aufgrund einer neurologischen oder hormonellen Unterentwicklung des Verdauungstrakts. Auch gibt es Säuglinge, die eine Laktose-Unverträglichkeit haben und Darmkrämpfe bekommen. Hier hilft eine Umstellung der Ernährung auf laktosefreie Nahrung.

Auf einen Blick

Koliken bedeuten weder eine Krankheit noch weisen sie auf familiäre Konflikte hin. Sie sind nicht gefährlich. Die Behandlung besteht zuvorderst darin, Geduld zu haben: Koliken verschwinden mit zunehmendem Alter des Kindes von selbst.

Magensäure und bitteres Aufstoßen

Einige Kinder leiden an einer übermäßigen Überproduktion von Magensäure, die in die Speiseröhre aufsteigt. Wie Erwachsenen auch, die über Sodbrennen klagen, tut Kindern das weh, und sie wachen nachts auf, weinend vor Schmerzen.

Pierre hat Sodbrennen

Pierre und seine Zwillingsschwester sind nach einer normal verlaufenden Schwangerschaft in der 35. Woche geboren. Pierre wog knapp fünf Pfund und verbrachte fast vier Wochen auf der Frühgeborenenstation. Im Alter von einem Jahr sind beide Kinder vollkommen zufriedenstellend entwickelt. Pierres Schwester ist auch nachts unproblematisch und hat einen friedlichen Schlaf. Pierre jedoch schläft schlecht. Mit Vorliebe liegt er mit seinem Oberkörper hoch auf dem Kopfkissen, und sein Schlaf ist sehr unruhig. Er schwitzt nachts derartig, daß seine Mutter jeden Tag die Laken und seinen Schlafanzug wechseln muß, dazu kommt, daß er stark hustet, manchmal hört es sich an, als ob »er erstickt«. Ab Mitternacht wacht er mindestens einmal stündlich schluchzend auf, und seine Mutter ist überzeugt davon, daß er weint, weil er Schmerzen hat. Tagsüber ist Pierre unleidlich und hat auch des öfteren, wenn er sich vornüber beugt, Hustenanfälle und macht Kaugebärden, als hätte er sich an etwas verschluckt.

Pierres Eltern machen sich Sorgen; sie verstehen nicht, warum ihre beiden gleich erzogenen und behandelten Kinder so unterschiedlich sind. Als Pierre noch ganz klein war, hat er oft aufgestoßen und sich an nicht verdauter Nahrung erbrochen. Der Kinderarzt sprach damals von »saurem Aufstoßen« und verordnete eine medikamentöse Behandlung sowie eine abgestimmte Ernährung. Auch sollte Pierre beim Schlafen flacher liegen. Es wurde dann etwas besser, und die Brechanfälle hörten auf, so daß er auch normal an Gewicht zunahm.

Diese ganze Vorgeschichte von Pierre legte es für mich nahe, die Diagnose zu bestätigen: Pierre leidet noch immer an aufsteigender Magensäure. Ich verordne also Medikamente und eine entsprechende Behandlung. Als die Eltern nach drei Wochen erneut zur Sprechstunde kommen, können sie nur Gutes berichten. Pierre wacht nachts nicht mehr auf, sein Husten hat sich gelegt, und er schwitzt bedeutend weniger. Nach sechs Monaten hat sich alles eingerenkt und Pierre hat zu einem friedlichen Schlaf gefunden.

Die wahrscheinlichste Ursache für das Aufsteigen der Magensäure in die Speiseröhre ist die noch unterentwickelte Muskulatur zwischen Speiseröhre und Magen, die normalerweise die Säure im Magen zurückhält. Daß die Säure in die Speiseröhre gelangt, geschieht häufiger tagsüber als nachts. Begünstigt wird dies durch alles, was die Magenmuskulatur stärker beansprucht: starker Husten, heftige Bewegungen, Weinen, das Pressen auf der Toilette etc. Auch wenn Kinder auf dem Rücken schlafen, kommt es häufig vor.

Die aufsteigende Säure kann eine entzündliche Reaktion in der Speiseröhre hervorrufen, die Oesophagitis, die äußerst schmerzhaft ist. Jedes Aufstoßen tut dem Kind weh, es wacht jäh aus seinem Schlaf auf und weint vor Schmerzen. Dies und begleitende Hustenanfälle führen wiederum dazu, daß das Kind übermäßig schwitzt. Zudem kann der säurehaltige Hustenauswurf auf Kissen oder Laken zu Entzündungen des Atemapparats und der Ohren führen.

Neben der unterentwickelten Muskulatur kommen als Ursache auch Nahrungsmittelallergien in Frage, wie die

139

Unverträglichkeit von Kuhmilch oder Sojamilch. Sehr selten liegt eine organische Ursache im Verdauungstrakt selbst vor.

Die Behandlung besteht meistens in der Gabe von Medikamenten, ferner einer Nahrungsumstellung und der Fütterung kleinerer Portionen pro Mahlzeit. In Ausnahmefällen ist ein operativer Eingriff nötig.

Schmerzen im Bauchbereich

Wenn Kinder Bauchschmerzen haben, kann es dafür verschiedene Gründe geben. Zum Beispiel einen Leistenbruch, bei dem das Muskelgewebe des Unterbauchs schadhaft ist. Das Heraustreten des Gewebes durch die Bruchöffnung weitet diese, was mit Schmerzen verbunden ist. Dann gibt es Kinder, die aufgrund einer Darminfektion Magenkrämpfe bekommen, oder solche, die an einer nicht entdeckten Harnweginfektion leiden, deswegen Schmerzen haben und weinen.

Die Ursache für die Schmerzen ist nicht immer im Bauchraum zu lokalisieren. So kann ein Kind tagsüber wie nachts stechende Bauchschmerzen haben als Folge einer Mittelohrentzündung zum Beispiel. All diese schmerzhaften, aber eher selten auftretenden Krankheiten haben gemeinsam, daß sie in anderen Altersstufen und auch nicht so typisch in den frühen Abendstunden auftreten wie die Darmkoliken. Auch sind sie nicht von diesem plötzlichen Aufschrecken aus dem Schlaf begleitet und können leicht mit einer entsprechenden Medikamentengabe behandelt werden.

Auf einen Blick

Wenn Ihnen das Weinen Ihres Kindes unnormal erscheint und kaum zu stillen ist, auch nicht mit den Maßnahmen, die bei erziehungsbedingten Schlafproblemen greifen, dann ist der Gedanke an körperliche Schmerzen naheliegend.

Man muß also darauf achten, ob ein Kind, das nachts weinend aufwacht, unverdaute Nahrung aufstößt oder sich erbricht, ob es Hustenanfälle hat, übermäßig schwitzt und ob es sich um ein schmerzhaftes Weinen handelt. Wichtig ist ebenso die Beobachtung, ob dieses Weinen auch tagsüber auftritt.

Wenn die Befürchtung besteht, daß Schmerzen Ihr Kind wachhalten, ist eine medizinische Untersuchung unabdingbar.

Ernährung und Mahlzeiten

Ein Kind kann auch Schwierigkeiten haben mit dem Einschlafen oder nachts wiederholt aufwachen, weil seine Ernährung nicht ausgewogen ist. Auf die häufigsten Ernährungsirrtümer, denen man in der Praxis begegnet, möchte ich im folgenden näher eingehen. Allerdings sollten wir dabei im Hinterkopf haben, daß dies eine eher seltene Ursache von kindlichen Schlafstörungen ist.

Wir unterscheiden zwei Hauptursachen für Schlaflosigkeit, die aus falscher Ernährung resultiert:

1. Fehler in der Art und Weise, das Kind zu füttern;
2. Fehler in der Zusammensetzung der Nahrung.

Ungünstige Ernährungsgewohnheiten

Sehr langes Stillen

Muttermilch ist die denkbar beste Nahrung für ein Kind. Es gibt keinerlei Altersbegrenzung für das Gestilltwerden; eine Mutter kann ihr Kind gut und gerne so lange mit der Brust füttern, wie sie möchte. Ratsam ist allerdings, etwa ab dem sechsten Lebensmonat das nächtliche Stillen allmählich zu reduzieren. Ab dieser Altersstufe sollte die Ernährung des Kindes, auch wenn die Muttermilch weiterhin eine ideale Grundnahrung ist, langsam vielfältiger werden und die ausreichende Versorgung mit den nötigen Nahrungsgrundstoffen gewährleisten.

Es gibt Kinder, die auch noch ab dem ersten Lebensjahr nachts gestillt werden, mehrmals sogar, und entsprechend oft nachts aufwachen. Das Verlangen nach diesen nächtlichen Mahlzeiten wird dann der Motor des Aufwachens, und auch bereits ältere Kinder, die nachts immer noch nach der Brust verlangen oder nach gesüßtem Tee oder einem sonstigen Getränk, sind deshalb natürlich keine Ausnahme.

Diese nächtlichen Mahlzeiten sind jedoch in keiner Weise mehr notwendig. Es handelt sich also um eine Form von Mißverständnis, und es genügt, sie wegzulassen, damit das Kind zu einem normalen Schlafrhythmus findet.

Gewohnheiten zu ändern ist keine schwere Sache. Wie schon in den Kapiteln zu den Eltern-Kind-Mißverständnissen gezeigt, kann diese Änderung quasi von heute auf morgen stattfinden oder sich auch nach und nach entwickeln. Die schnelle Methode bedeutet, daß die Eltern, nachdem sie mit dem Kind darüber gesprochen haben, in einer Nacht alle Mahlzeiten ersatzlos streichen, wobei sie sich natürlich über ihr Vorgehen einig sein müssen. Bei der sanfteren Methode reduzieren Sie über drei Nächte hinweg die Trinkmenge jeweils um ein Drittel, so daß Ihr Kind in der dritten

Nacht abgestillt ist beziehungsweise nichts mehr zu trinken bekommt. Beide Vorgehensweisen sind gleichermaßen empfehlenswert und wirkungsvoll; die Entscheidung für die eine oder die andere liegt ganz bei Ihnen und hängt natürlich auch vom Kind und seinem Gesamtverhalten ab. Damit die Entwöhnung für das Kind leichter wird, ist es manchmal hilfreich, die letzte Abendmahlzeit etwas »anzudicken«, zum Beispiel mit Mehl oder Grieß, so daß das gewohnte nächtliche Hungergefühl Ihres Kindes gedämpft wird.

Zu geringe Portionen

Wenn Ihr Kind nicht satt wird, kann es nachts unruhig werden und vor Durst oder Hunger aufwachen. Bekommt es zum Beispiel nicht genug zu trinken, ist der Stuhlgang zu hart. Es kommt dann zu einer Verstopfung, Ihr Kind leidet unter Bauchschmerzen, fühlt sich unwohl und weint.

Zu viel auf einmal

Zu große Portionen pro Mahlzeit: Das betrifft Säuglinge, die mit der Flasche gefüttert werden; und zwar wenn sie unter einem halben Jahr alt sind und weniger als fünf Mahlzeiten pro Tag bekommen. Das führt nämlich dazu, daß die einzelnen Portionen so groß werden, daß die auf einmal gefütterte Flüssigkeitsmenge das oben beschriebene saure Aufstoßen begünstigt und damit das nächtliche Aufwachen.

Wenn Sie also bei Ihrem Kind beobachten, daß es unverdaute Nahrung aufstößt, nachts Bauchschmerzen hat und untröstlich scheint, dann verteilen Sie die täglich notwendige Nahrungsmenge auf mindestens fünf Mahlzeiten.

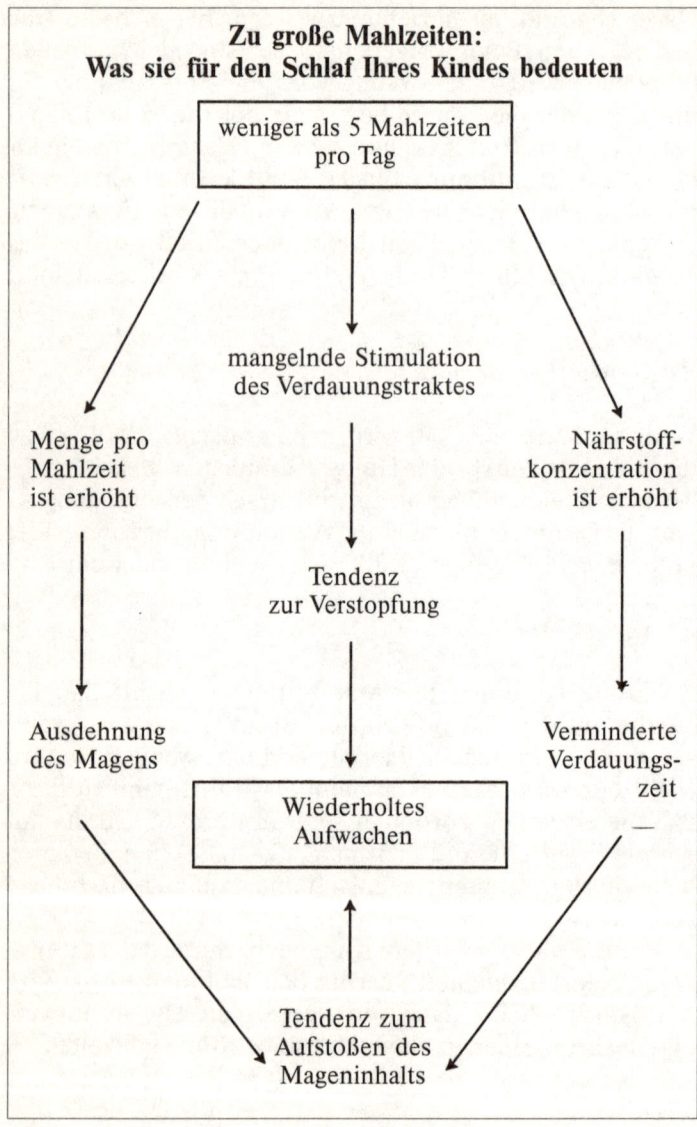

**Zu große Mahlzeiten:
Was sie für den Schlaf Ihres Kindes bedeuten**

weniger als 5 Mahlzeiten
pro Tag

mangelnde Stimulation
des Verdauungstraktes

Menge pro
Mahlzeit
ist erhöht

Nährstoff-
konzentration
ist erhöht

Tendenz
zur Verstopfung

Ausdehnung
des Magens

Verminderte
Verdauungs-
zeit

Wiederholtes
Aufwachen

Tendenz zum
Aufstoßen des
Mageninhalts

Unausgewogene Mahlzeiten

Die Ernährung eines Kindes kann zwar vom Volumen der einzelnen Mahlzeiten und ihrer Häufigkeit pro Tag berichtig und angemessen sein, trotzdem aber in der Zusammenstellung der Mahlzeiten selbst so ungünstig, daß ein ruhiger Nachtschlaf dadurch unmöglich wird.

Mangel an Fetten

Kinder, die einen unruhigen, gestörten Nachtschlaf haben, weil ihre Ernährung zu wenig Fette (Lipide) enthält, begegnen mir in der Praxis immer mal wieder.

Die heutigen Empfehlungen für gesunde Ernährung zielen zwar vor allem auf eine Fettreduktion, um den wachsenden ernährungsbedingten Krankheiten wie Fettleibigkeit und Herz-Kreislauf-Schäden entgegenzuwirken. Und diese Empfehlungen sind für die Gesamtbevölkerung, angefangen bei Kindern ab drei Jahren, nur zu berechtigt. Bei Säuglingen und Kleinkindern allerdings ist das Gegenteil der Fall, und diese Unterscheidung wird in der Regel bedauerlicherweise nicht gemacht.

Der Energiebedarf von Säuglingen und Kleinkindern ist signifikant höher, weil ihr Wachstum besonders schnell ist. Die Zufuhr von Fetten muß daher während der ersten Lebensmonate mindestens fünfzig Prozent der Gesamtenergiemenge ausmachen, die das Kind zu sich nimmt. Der Fettanteil der Nährstoffe, die in Muttermilch enthalten sind, beträgt übrigens dreiundfünfzig Prozent. Im Alter von ein bis drei Jahren soll dieser Bestandteil an Fetten immerhin noch bei vierzig Prozent liegen.

Bei vielen Kindern ist zu beobachten, daß sie von ihren Eltern eine Art fettarme Diätnahrung erhalten. Zum Beispiel, wenn es statt Vollmilch fettarme Milch gibt oder beim Kochen auf Butter verzichtet und statt dessen fettreduzierte Margarine oder ähnliches verwendet wird.

Manchmal wird bei Durchfall eine Diät ohne Ballaststoffe und Fette verschrieben. Ballaststoffe wegzulassen mag noch sinnvoll sein, bei Fetten jedoch ist das Gegenteil der Fall. Denn Fette haben die Eigenschaft, den Verdauungsvorgang zu verlangsamen. Wenn eine solche Diät über mehr als achtundvierzig Stunden befolgt wird, verschlimmern sich die Verdauungsprobleme dadurch garantiert. Eine unzureichende Zufuhr von Fetten führt dazu, daß der Zuckeranteil in der zu verdauenden Nahrung unverhältnismäßig ansteigt. Dieses Ungleichgewicht zugunsten der Glukose begünstigt die Entwicklung einer Magen-Darm-Flora, die Gärungsprozesse in Gang setzt, was zur Folge hat, daß das Kind durch die sich entwickelnden Gase Bauchschmerzen bekommt: Es wird unter Blähungen und Flatulenzen leiden, unter Koliken und gelegentlich auch Durchfall. All diese Verdauungsprobleme können wiederum zu wiederholtem nächtlichen Aufwachen führen.

Die Rückkehr zu einer ausgewogenen Ernährung stoppt diese Verdauungsbeschwerden innerhalb von zwei, drei Tagen, womit sich dann auch der Schlaf wieder normalisiert. Hören wir hierzu die Geschichte des kleinen René:

René

René ist vier Monate alt und hat täglich mehrere Anfälle von Weinkrämpfen: nachts bis zu vier Mal und tagsüber auch. Weder medizinisch noch verhaltensbedingt kann ich irgendeine Ursache für dieses Weinen finden. Seine Eltern berichten, daß René seit seiner Geburt unter Verstopfung leide und Glyzerinzäpfchen bekomme, damit sein Stuhlgang leichter wird. Als er etwa acht Wochen alt war, bekam er zusätzlich Blähungen und stieß sofort nach dem Füttern Teile seiner Nahrung wieder auf. Er erhält vier Mahlzeiten pro Tag: zwei Fläschchen zu 250 ml mit Instant-Babymilch, angereichert mit Gerstenmehl und Pflaumen, sowie eine Mahlzeit auf Kartoffel-Gemüse-Basis und eine mit passiertem Obst und Zwieback. Zusätzlich bekommt er gesüßte Getränke.

Eine ernährungswissenschaftliche Analyse von Renés Speisezettel ergibt ein Ungleichgewicht der Nährstoffe zugunsten der Glukose, die in Renés Fall fünfundsechzig Prozent der Energielieferanten ausmacht, während die Lipide lediglich sechsundzwanzig Prozent betragen. Dieses Ungleichgewicht hat zu einer Störung der Darmflora geführt, und die entstehenden Gase verursachen Blähungen. Also hat René Bauchschmerzen und ist unruhig. Der Darm ist geweitet und drückt auf den Magen, so daß es auch zu dem Aufstoßen von unverdauter Nahrung kommt.

Weil René nicht mehr als vier Mahlzeiten pro Tag bekommt, muß jede Mahlzeit eine erhöhte Kalorienmenge enthalten, was nur durch zusätzliches Trinken gewährleistet werden kann. Auch dies begünstigt Verstopfung und Aufstoßen.

Die Diätärztin rät den Eltern, die Mahlzeiten auf fünf pro Tag zu erhöhen und dreimal gleich anschließend eine Folge-Milch zu geben. Durch diese zusätzliche Kaloriengabe ist dann die bisher verwendete angereicherte Fertigmilch nicht mehr notwendig. Zur Erhöhung des Fettanteils empfiehlt sie die Zubereitung der Gemüse mit Butter. Die Obst-und-Keks-Mahlzeiten hingegen sollen stark reduziert werden. Diese sachte Ernährungsumstellung auf mehr Fette – jetzt fünfunddreißig Prozent – und weniger Zucker – unter fünfzig Prozent – führt schon nach drei Tagen dazu, daß René gut schlafen kann: Die Verdauungsprobleme sind verschwunden und ebenso seine Weinkrämpfe. Nach einem Monat hat sich alles zum Besten stabilisiert.

Übermaß an Proteinen

Ein übermäßiger Konsum von Proteinen führt dazu, daß das Kind einen erhöhten Flüssigkeitsbedarf hat. Denn Proteine werden im Körper umgewandelt zu Harnstoff und anderen Stoffen, die ausgeschwemmt werden müssen. Bei dieser Reinigung, die in den Nieren stattfindet, wird in hohem Maße der Wasserhaushalt des Körpers beansprucht, was dazu führt, daß Durstgefühle aufkommen. Dieser Durst wiederum kann die Ursache dafür sein, daß ein Kind nachts aufwacht. Es weint dann vor Durst, während die meisten Eltern glauben, es hätte Hunger. Also wird in der Regel ein Fläschchen mit Milch gegeben. Diese Milch stillt das Durstgefühl aber nur vorübergehend, stellt jedoch wiederum eine neue Portion an Proteinen bereit. Also nehmen auch die Harnstoffe und damit verbunden die Reinigungstätigkeit der Nieren wieder zu, und es kommt zu neuerlichem Durstgefühl und Aufwachen.

Ein Kind, das zu viele Proteine zu sich nimmt, wacht typischerweise nachts oft auf, verspürt starken Harndrang und hat nicht selten auch Bauchschmerzen und Blähungen. Der Kot ist aufgrund des Zersetzungsprozesses der Proteine durch Darmbakterien weich und übelriechend.

Reduziert man also die Proteinhaltigkeit der Nahrung, nimmt auch das Durstgefühl ab, was den Eltern wiederum erleichtern wird, neue Regeln für das Schlafen durchzusetzen. Mit der Ernährungsumstellung allein sind hartnäckige Schlafprobleme aber nicht vollends zu lösen. Notwendig ist immer auch das Lernen nach der Schritt-für-Schritt-Methode.

Häufig wird aber der mit der Nahrung aufgenommene Proteinüberschuß und dessen problematische Auswirkung auf den Schlaf gar nicht in Erwägung gezogen, sondern wird von einem klassischen Mißverständnis ausgegangen: Weil das Kind nachts zu trinken verlangt, bekommt es ein Fläschchen, und zwar oft in seinem Bett. Denn ohne seinen Durst zu löschen, kann es nicht wieder einschlafen. Daß der Durst jedoch echt ist und das Kind tatsächlich trinken muß, um wieder einzuschlafen, führt uns zu der eigentlichen Lösung des Schlafproblems.

Hier die Geschichte des zweijährigen Gregor:

Gregor

Als ich Gregor frage, warum er zu mir gekommen ist, antwortet er: »Wegen nicht schlafen.« Dieser niedliche kleine Junge läßt mich während der ganzen Sprechstunde nicht aus den Augen und rollt dabei seine leere Nuckelflasche in seinen Händchen hin und her. Seit er auf der Welt ist, werden die Eltern mehrmals nächtlich zwischen zwei und sechs Uhr geweckt, und sie haben Verschiedenes versucht, ohne daß der Schlaf von Gregor sich gebessert hätte. Sie haben ihn nachts schreien lassen, ihm zu trinken, auch zu essen angeboten, eine kleine Lampe in seinem Zimmer brennen lassen, ihm Belohnungen versprochen. Schließlich haben sie es mit leichten Beruhigungsmitteln versucht und haben auch einen anerkannt seriösen Heiler aufgesucht. Nichts von all dem hat seine Durchschlafschwierigkeiten je verbessert.

Die Mutter beschreibt, wie sie ihn abends zu Bett bringt. Nach einem festen Ritual läßt sie Gregor noch wach in seinem Bettchen allein und verläßt das Zimmer. Nach etwa einer halben Stunde, in der er herumquakt und ein bißchen weint und auch nach seiner Mutter ruft, schläft er ein. Sein Schlaf ist ruhig, bis dann etwa gegen zwei Uhr morgens die kritische Zeit beginnt.

Auf Nachfragen erfahre ich von der Mutter, daß Gregor ein »großer Trinker« sei: Vor dem Schlafengehen bekommt er 120 ml Sojamilch und gegen fünf Uhr morgens, wenn er endgültig wach ist, noch einmal 250 ml. Das Kind trinkt also jede Nacht 370 ml Sojamilch, eine Milch mit hohem Proteingehalt und eigentlich bestimmt für Erwachsene. Auf den Rat der Diätärztin, die ebenfalls anwesend ist, die Milch nachts wegzulassen, erwidert die Mutter, daß sie sich bestimmt nicht täusche, Gregor habe tatsächlich Durst und müsse nachts trinken.

Die Ärztin fragt weiter nach seinen Trinkgewohnheiten, und es ergibt sich nach ihrer Rechnung, daß der Kleine täglich 100 bis 120 ml Flüssigkeit pro Kilo seines Körpergewichts zu sich nimmt – also die für einen Säugling bestimmte Menge. Dann spricht sie die enorme Proteinzufuhr an, die Gregor mit der Sojamilch und mit zusätzlichen Joghurts und Käseprodukten erhält: fünf bis sechs Gramm Protein pro Kilo Körpergewicht täglich! Das ist tatsächlich ein Übermaß, das der Kleine nur mit verstärkter Nierentätigkeit zum Proteinabbau bewältigen kann. Also muß er auch große Mengen Flüssigkeit zu sich nehmen.

Wir raten den Eltern also, nach und nach die nächtliche Trinkmenge zu reduzieren und parallel dazu die proteinhaltige Nahrung. Legt sich Gregors Durst einmal, wird es auch einfacher für die Eltern, das Mißverständnis zu beseitigen, daß Einschlafen und Trinken zusammengehören.

Nach Ablauf einer Woche ist es geschafft, Gregor ist sichtlich stolz auf sich: Schon in der ersten Nacht nach diesem gemeinsamen Gespräch hat er durchgeschlafen, ohne einmal aufzuwachen. Er verlangte vor dem Einschlafen nicht einmal mehr sein Fläschchen, und tat dies auch die folgenden Nächte nicht. Seine Mutter kann noch nicht ganz verstehen, was eigentlich passiert ist, aber sie ist überglücklich.

Wir sehen an diesem Beispiel, daß ein Kind, dessen Ernährung unausgewogen ist, nachts aufwacht, weil es tatsächlich Durst empfindet. Wenn es sehr klein ist, erkennen die Eltern diesen Durst nicht als solchen, sondern sie werden versuchen, das Kind zu beruhigen, indem sie es herumtragen oder in ihr eigenes Bett nehmen. So kommt zu einem eigentlichen Ernährungsproblem hinzu, daß sich ein Mißverständnis über das erwartete Schlafverhalten beim Kind entwickelt. Die Lösung hier ist, beide Aspekte zusammen zu behandeln: den Durst und das Schlafverhalten.

Kalorienmangel

Die Nahrung eines Kindes kann, wie wir gesehen haben, unausgewogen sein im Hinblick auf den zu niedrigen Gehalt an Lipiden und den zu hohen an Glukose und an Proteinen. Sie kann aber auch eine nicht ausreichende Menge an Kalorien haben – ein weiterer Grund für nächtliches Aufwachen. Dies möchte ich mit der Geschichte von Agnes veranschaulichen:

Agnes

Agnes ist jetzt zehn Monate alt, und seit ihrer Geburt hat sie gerade mal drei Nächte wirklich durchgeschlafen. Ihre Eltern sind übermüdet und erschöpft und haben kaum Hoffnung, daß Agnes irgendwann besser schlafen wird. Auch sie haben natürlich alles versucht, aber ohne Erfolg: Sie haben ihr Bettchen umgestellt; haben versucht, sie tagsüber wach zu lassen; haben ihr ein leichtes pflanzliches Beruhigungsmittel gegeben; und als Agnes vier Monate alt war, haben sie auf Rat eines Homöopathen auf vorwiegend vegetarische Nahrung umgestellt: reich an Getreide, ohne Milchprodukte und ganz wenig Fleisch. Aber all das hat nichts geholfen.

Agnes hatte nie besondere gesundheitliche Probleme, wohl aber Blähungen und auch Phasen von Magenkrämpfen und Durchfall. Ihre abendliche Einschlafzeit ist problematisch: Erst zwischen dreiundzwanzig Uhr und Mitternacht stellen sich endlich Müdigkeitsanzeichen ein. Zunächst schläft sie ruhig und fest, wacht jedoch gegen zwei Uhr nachts wieder auf, weinend, und verlangt nach etwas zu trinken. Sie bekommt ein Fläschchen mit 270 ml Milch und schläft daraufhin wieder ein – bis zum nächsten Morgen um acht Uhr. Wenn die Eltern ihr nichts geben, schläft sie zwar auch irgendwann wieder ein, wacht jedoch jede Stunde weinend wieder auf. Tagsüber schläft sie mittags etwa drei Stunden, so daß sie auf elf Stunden Schlaf insgesamt kommt. Die Eltern wünschen sich nichts mehr, als daß sie nachts nicht mehr aufstehen müssen, um der Kleinen zu trinken zu geben.

Agnes nimmt zu viel Zucker und zu wenig Fette zu sich, ein Ungleichgewicht, das mehrere ungünstige Folgen hat: Die Darmflora ist durch die Zuckerfermentierung verändert, es bilden sich Gase, die wiederum zu Blähungen und gelegentlich auch zu Durchfall führen. Eine weitere Folge sind Magen- und Darmkrämpfe, die den Schlaf der Kleinen stören. Dazu kommt, daß sie mit der sehr leicht verdaulichen Abendmahlzeit, die einen geringen Kaloriengehalt hat, auch deshalb nachts aufwacht, weil sie einfach Hunger hat.

Die Diätärztin schlägt folgende Ernährungsumstellung vor: höherer Fettanteil durch Verwendung von Butter, langsame Steigerung des Fleischanteils und am Abend 220 ml Vollfettmilch, angereichert mit Getreideflocken. Dadurch werde sich die Darmflora normalisieren und das nächtliche Hungergefühl verschwinden.

Nach vier Nächten braucht Agnes nachts nichts mehr zu trinken, und sie wacht auch nicht mehr auf.

Zwei Wochen später hat sich der neue Schlafrythmus dauerhaft stabilisiert.

Auf einen Blick

Was manchmal nach einem Verhaltensproblem aussieht, sind in Wahrheit ernährungsbedingte Probleme. Wenn die Ernährung des Kindes nicht ausgewogen ist, hat dies Auswirkungen auf die Verdauung, und das Kind wacht aufgrund von Bauchschmerzen oder Durstgefühl auf. Und so wie die Flüssigkeitsmenge entweder ungenügend oder übermäßig sein kann, kann auch die Zusammenstellung der festen Mahlzeiten zuungunsten eines oder mehrerer nötiger Nahrungsbestandteile ausfallen. Es ist allerdings nicht so, daß alle Kinder aufgrund unausgewogener Ernährung Schlafprobleme haben. Und umgekehrt: Ein Schlafproblem deutet nicht unbedingt auf Ernährungsfehler hin. Jedoch kann eine Analyse der Eßgewohnheiten eines »schlaflosen« Kindes der erste Schlüssel zur Lösung sein: Eine Ernährungsumstellung wird eine Normalisierung des Schlafverhaltens mit sich bringen – wobei man allerdings die Mißverständnisse, die sich darüber eingenistet haben, nicht vernachlässigen darf und diese durch Verhaltensmaßnahmen, wie wir sie ausführlich dargelegt haben, korrigieren muß.

Nahrungsbestandteile, die den Schlaf stören können

»Ich frage mich manchmal, ob mein Kind alles, was ich ihm zu essen gebe, auch wirklich verträgt. Könnte es nicht allergisch auf das eine oder andere in der Nahrung reagieren?«

Es stimmt, daß es immer häufiger werdende Fälle von Kindern gibt, die Bestandteile ihres Essens nicht vertragen. Sie reagieren allergisch, bekommen Durchfall oder Hautausschläge. Es gibt allerdings auch Unverträglichkeitsreaktionen, die keine offensichtlichen Symptome ausprägen. In beiden Fällen aber kann der Schlaf empfindlich gestört sein. Da diese Fälle, wie gesagt, immer häufiger auftreten, möchte ich kurz auf die wichtigsten Aspekte eingehen.

Kuhmilch

Kinder, die Unverträglichkeiten gegenüber den Proteinen in der Kuhmilch zeigen, sind in der Regel unter einem Jahr alt. Ihr nächtliches Schlafverhalten ist signifikant gestört: Sie sind motorisch unruhig und schwitzen übermäßig. Tagsüber sind sie launisch und schwierig und »führen sich auf«. Einige Kinder haben Hautirritationen, und in der Familie gibt es oft jemanden, der allergisch ist.

Das Verhalten des Kindes normalisiert sich gewöhnlich drei bis vier Wochen, nachdem die Kuhmilch vom Speisezettel gestrichen wurde. Der Verdacht auf eine Kuhmilch-Unverträglichkeit bestätigt sich letztlich, wenn das Verhalten des Kindes sich erneut ändert, sobald diese Proteine doch wieder in seiner Nahrung enthalten sind.

Hier die Geschichte von Élise, Tag und Nacht ein kleiner »Teufel«:

Élise

Die kleine Élise ist dreizehn Monate alt, als sie mir von einem Kollegen überwiesen wird. Seit ihrer Geburt wacht sie jede Nacht sechs bis sieben Mal auf. Ihre Eltern sind am Ende und wollen eine sofortige Lösung. Weder in der Geschichte des Kindes noch bei der ärztlichen Untersuchung kommt irgend etwas zutage, was das Schlafproblem erklären könnte. Élise hat mehrere Ohrenentzündungen gehabt und seit Geburt eine sehr trockene Haut mit leichtem Ekzem am Hinterkopf unter dem Haaransatz. Ihre Eltern haben manches ausprobiert, damit die Kleine besser schläft, aber ohne Erfolg.

Élise wird abends gegen acht Uhr noch wach in ihr Bettchen gelegt, und sie schläft nur sehr schwer ein. Etwa anderthalb Stunden lang schreckt sie immer wieder hoch, bis sie endlich in den Schlaf finden kann. Sie schwitzt übermäßig und schläft sehr unruhig. Zwei Stunden später ist sie abermals wach. Was die Eltern auch unternehmen: Fläschchen anbieten, herumtragen, wiegen oder einfach nur da sein – Élise bleibt unruhig, ist quengelig und unzugänglich. Nach etwa einer Stunde schläft sie zwar dann doch erschöpft ein, ist aber eine weitere Stunde später wieder wach. Tagsüber ist sie wie ein kleiner »Teufel«: nie zufrieden, immer fordernd und launisch. Kaum hat sie erreicht, daß man sie auf den Arm nimmt, will sie sofort wieder herunter.

In Élises Familie hat man bis dato keine Schlafprobleme gekannt. Die Mutter allerdings hat eine Stauballergie und bekommt asthmatische Krisen, und der Vater leidet an Heuschnupfen. Da nichts auf Mißverständnisse in der Erziehung hindeutet, erwägen wir eine Blutuntersuchung auf eine mögliche Nahrungsmittelunverträglichkeit hin, zumal Élise dieses leichte Ekzem hat und ihre Eltern allergisch vorbelastet sind.

Zwei Wochen später liegt das Laborergebnis vor: Élise hat erhöhte Antikörper im Blut gegen ein bestimmtes Protein, das in Kuhmilch enthalten ist, gegen Betalactoglobulin. Ihre Blutwerte sind um das fünffache gegenüber des Richtwertes für Kinder ihres Alters erhöht. Ihr Organismus reagiert also vehement auf die Milchproteine.

Die Diätärztin empfiehlt, die Kuhmilch durch ein hypoallergisches Ersatzprodukt zu ersetzen und berät die Eltern ausführlich über eine weitergehende Nahrungsumstellung: worauf zu achten und was zu vermeiden ist. Erfahrungsgemäß braucht es mehr als ein paar Tage, bis die Unverträglichkeitssymptome daraufhin verschwinden, und so verabreden wir einen neuen Termin in vier Wochen.

Und tatsächlich: Als die Familie wieder erscheint, hat Élise mittlerweile die fünfte Nacht ruhig durchgeschlafen, bis morgens gegen sieben Uhr. Am frühen Nachmittag macht sie ein kleines Schläfchen von nicht länger als einer Stunde und zeigt tagsüber generell ein völlig anderes Verhalten. Sie ist ruhig und fröhlich, verlangt nicht mehr ständige Aufmerksamkeit, und es scheint ihr im ganzen wohler zu sein. Diese Besserung tagsüber zeigte sich sogar etliche Tage, bevor auch ihr Nachtschlaf sich normalisierte. Darüber hinaus hat sich ihr Ekzem zurückentwickelt, und die Haut ist insgesamt nicht mehr so trocken.

Schlaflosigkeit aufgrund der Unverträglichkeit von Kuhmilch kann auch dann auftreten, wenn das Kind selbst keine Milch trinkt: zum Beispiel, wenn es gestillt wird und die Mutter Kuhmilchprodukte zu sich nimmt. Die enthaltenen Proteine werden über die Muttermilch an das Kind weitergegeben, das, wenn auch nur indirekt, mit einem Nahrungsbestandteil zu tun bekommt, auf das es mit Unverträglichkeit reagiert. Sobald die Mutter, solange sie stillt, auf Milchprodukte verzichtet, wird sich der Schlaf ihres Kindes normalisieren.

Manchmal äußert sich eine Nahrungsunverträglichkeit nicht nur in gestörtem Nachtschlaf, sondern schlägt sich auch im Verhalten des Kindes tagsüber nieder: als Reflex sowohl auf den Schlafmangel als auch auf die heftigen Abwehrreaktionen des Körpers gegenüber bestimmten Nahrungsmitteln. Einige Kinder können auch auf mehrere Nahrungsmittel gleichzeitig unverträglich reagieren, zum Beispiel auf Kuhmilch und auf Eier.

Wie bei anderen Immunschwächen oder allergischen Krankheiten liegt eine Nahrungsmittelunverträglichkeit oft in der Familie. So behandelte ich einmal eineiige Zwillinge, die beide Kuhmilch nicht vertrugen und in ihren bislang elf Lebensmonaten nicht eine Nacht durchgeschlafen hatten. Man kann sich die Erschöpfung und Leiden der Eltern vorstellen, bis eine Nahrungsumstellung für die Babys allen endlich wieder ruhige Nächte bescherte!

Ein konsequentes Ausschließen eines Nahrungsmittels vom Speiseplan kann manchmal recht schwierig durchzuhalten sein. Im Kindergarten wie in der Schule und auch zu Hause gibt es reichlich Gelegenheiten, die eine strikte Diät aufzuweichen drohen: Speiseeis, Joghurt, bestimmte Käsesorten oder auch Nachtisch oder Gebäck werden immer wieder mal in Reichweite sein – selbst Schinken kann Proteinspuren enthalten. Nimmt ein Kind mit dieser speziellen Milch-Unverträglichkeit doch einmal – und sei es indirekt – solche Produkte zu sich, wird sich das negativ auf seinen Schlaf auswirken. Mit einer sehr geringen Gabe von Proteinen kann im übrigen der Kinderarzt von Zeit zu Zeit gezielt überprüfen, ob die Unverträglichkeit noch besteht und die Diät fortgesetzt werden muß. Ein solcher Test wird üblicherweise alle halben Jahre durchgeführt.

Sojaprodukte

Etwa fünfundvierzig Prozent der Säuglinge, die Kuhmilch nicht vertragen, sind gleichzeitig empfindlich gegenüber den Proteinen in Sojaprodukten. Die klinischen Symptome, die Diagnostik sowie die Behandlungsformen sind in beiden Fällen gleich. Auch das Testverfahren mit der Gabe geringer Dosen der unverträglichen Proteine ist identisch.

Gluten

Eine Unverträglichkeit von Gluten äußert sich gewöhnlich gegen Ende des ersten Lebensjahres des Kindes. Es ißt mit gutem Appetit, nimmt jedoch nicht an Gewicht zu und wächst entsprechend auch nicht. Es kann phasenweise Durchfall und Magenkoliken haben, im ganzen sehr unruhig sein und oft unglücklich wirken – und wird nicht zuletzt schlecht schlafen. Eine medizinische Untersuchung ergibt bei solchen Symptomen oft eine Unverträglichkeit von Gluten.

Gluten, das sind natürliche Proteine, die in bestimmten Getreidemehlen vorkommen und für die Backfähigkeit des Mehls bedeutend sind: wie in Hafer, Weizen, Roggen und Gerste. Für Kinder ist Gluten in der Regel leicht verdaulich, aber es gibt auch Kinder, die eine spezifische Veränderung der Darmschleimhaut haben, so daß die Verdauung dieses Klebereiweißes nicht einwandfrei funktioniert. Die Behandlung der Unverträglichkeit besteht im Weglassen aller Nahrungsmittel, die Gluten enthalten. Im Unterschied jedoch zu Milchproteinen bleibt diese Gluten-Unverträglichkeit ein Leben lang bestehen. Verbunden ist sie oft mit ausgesprochen schlechtem Schlaf, allein schon aufgrund der durch sie ausgelösten Bauchkrämpfe, und tagsüber ist das Kind dementsprechend übermüdet. Es kann auch sein, daß die generelle Abwehrreaktion des Körpers zum Unwohlsein des Kindes beiträgt.

Monoamine

In Kaffee und in Cola- oder schokohaltigen Getränken sind bestimmte Substanzen enthalten, die das Einschlafen beeinträchtigen können. Kaffee enthält Koffein, Tee oder Schokolade das Alkaloid Theobromin. Diese natürlichen Substanzen sind sogenannte Monoamine, auf die bestimmte Menschen unverträglich reagieren. Auch wenn sie im Übermaß konsumiert werden, können sie eine schädliche Wirkung haben.

Was für einen Einfluß große Mengen Schokolade auf den kindlichen Schlaf haben können, zeigt uns die Geschichte von Marion.

Marion

Marion ist fünf Jahre alt. Sie hat einen sehr unruhigen Schlaf: Sie wälzt sich hin und her, hat Alpträume und wacht nachts wiederholt auf. Außerdem leidet sie unter täglichen Kopfschmerzattacken, die zu keiner bestimmten Uhrzeit auftauchen und von wenigen Minuten bis zu einigen Stunden dauern können. Eine ärztliche Untersuchung fand weder eine Erklärung für die Schlafstörungen noch für die Kopfschmerzen.

Unsere Diätärztin kommt nach einer Befragung der Eltern zu den Ernährungsgewohnheiten schließlich dahinter, daß Marion große Mengen an Schokolade in verschiedenster Form zu sich nimmt: Heißen Kakao liebt sie über alles, ebenso Schokoriegel und schokoladehaltigen Brotaufstrich, wovon sie täglich zwei- bis dreimal ißt.

Von Marions Speiseplan wird jegliche Schokolade gestrichen, und praktisch von ihrem ersten Diät-Tag an bessern sich ihre Kopfschmerzen. Zwei Wochen später hat sich auch ihr Schlaf normalisiert; sie schläft tief und fest bis zum nächsten Morgen, und beim Aufstehen fühlt sie sich auf eine bis dahin nicht gekannte Weise frisch und fit.

Unruhe und besonders schwere Kopfschmerzen können auch durch andere Monoamine ausgelöst werden, zum Beispiel durch Tyramin«, das im Käse enthalten ist, oder auch durch 5-Hydroxy-Tryptamin in Tomaten. Beide Substanzen wirken sich ebenfalls schädlich auf die Nachtruhe aus.

Vitamine

Es waren Eltern, die mich auf ein weiteres »Schlafhemmnis« aufmerksam gemacht haben: Sie haben beobachtet, daß ihre Kinder besonders schwer einschlafen und nachts auch wiederholt aufwachen, wenn sie abends Vitaminpräparate bekommen haben. In diesen Fällen muß man die Vitamine also morgens geben, damit ihre Wirkung auf den Organismus nicht den Nachtschlaf stört. Obwohl diese Fälle mit Sicherheit ausgesprochen selten sind, ist der Hinweis darauf an dieser Stelle sicherlich hilfreich.

Häufige Fragen zu Allergien und Unverträglichkeiten

»Woran erkennt man, ob ein Kind unverträglich auf Kuhmilch reagiert?«
Die Unverträglichkeit von Kuhmilch äußert sich durch eine Verhaltensänderung des betreffenden Kindes, sobald es Milch-Proteine – und sei es in ganz geringer Menge – mit seiner Nahrung aufnimmt. In den meisten Fällen finden sich als eine Reaktion auf das Protein Betalactoglobulin Antikörper im Blut. Weitere Antikörper oder immunologische Reaktionen, wie sie bei einer richtiggehenden Allergie zu finden sind, gibt es bei einer Unverträglichkeit jedoch nicht.

»Heißt das, daß mein Kind auch allergisch auf Laktose reagiert?«

Eine *Milch*-Unverträglichkeit ist nicht zu verwechseln mit einer *Laktose*-Unverträglichkeit und eben auch nicht mit einer Milch-*Allergie*. Organismen, die unverträglich auf Laktose reagieren, fehlt ein bestimmtes Enzym, das die in der Milch befindlichen Laktose-Moleküle aufspalten kann.

Ein Kind mit Laktose-Unverträglichkeit kann Krämpfe im Unterbauch haben, sich übergeben und Durchfall haben.

Eine regelrechte Allergie auf Milch entwickelt sich durch eine Immunreaktion des Organismus: Dieser entwikkelt Antikörper gegen die in der Milch enthaltenen Proteine, was Folgeeffekte auf bestimmte Organe hat.

Das Kind kann Auffälligkeiten im Atmungsapparat zeigen – wie Asthma, asthmatische Bronchitis, chronische Rachen- und Ohrenentzündung – oder bei der Verdauung – wie Erbrechen, Durchfall, Krämpfe – oder auch Auffälligkeiten der Haut – wie Ekzeme, auffallende Trockenheit.

»Ist die Unverträglichkeit von Milch in Kombination mit Schlafstörungen häufig?«

Bei ungefähr zehn Prozent der Fälle von schwerwiegender und besonders hartnäckiger Form von Schlafstörung liegt eine Milch-Unverträglichkeit vor. So ist diese zwar nicht ein allzu häufiger Grund, aber eine äußerst gravierende Form von kindlicher Schlafstörung. In manchen Fällen kommt diese Unverträglichkeit auch nicht isoliert vor, sondern bezieht sich ebenso auf andere Nahrungsmittel wie Sojaprodukte, Eier, Fisch oder Tomaten. All diese Dinge müssen dann vom Speiseplan des betroffenen Kindes gestrichen werden.

»Warum wacht mein Kind nachts auf, wenn es unverträglich auf sein Essen reagiert?«

Es gibt im Prinzip keine wirkliche Erklärung dafür, daß die Kinder nachts so unruhig schlafen und wiederholt aufwachen. Größere Kinder, die schon sprechen können, klagen weder über Bauch- noch über Kopfschmerzen, und auch ihre Haut ebenso wie ihr Atemapparat sind in Ordnung. Es liegt also offensichtlich keine typische Allergie-Symptomatik vor, die die nächtliche Unruhe verursachen könnte.

»Hat ein Kind mit Nahrungsunverträglichkeiten eine typische Krankengeschichte?«

In der Tat findet man unter solchen Kindern viele, die immer wieder mal unter Rachen- oder Mittelohrentzündungen gelitten hatten. Auch waren sie, wie die Eltern sagen, beim Essen immer »schwierig«. Verschiedene Milcharten sind durchprobiert worden, weil das Kind eine permanente auffällige Unruhe gezeigt hat, sowie Koliken und Aufstoßen unverdauter Nahrung.

»Ist eine Unverträglichkeit vererbbar?«

Bei Kuhmilch-Unverträglichkeit scheint es eine Art Vererbung der damit einhergehenden Schlafprobleme zu geben. Oft findet sich auch bei einem Elternteil eine Veranlagung zu diversen Allergien. Deshalb kann uns die Tatsache, daß in der Familie allergische Krankheiten bereits vorgekommen sind, auf die richtige Fährte setzen, was Diagnose und Behandlung der Schlafprobleme des Kindes betrifft.

»Was kann man tun, wenn ein Kind unverträglich auf Kuhmilch reagiert?«

Die Behandlung basiert zunächst darauf, Kuhmilchprodukte vollkommen aus der Ernährung des Kindes auszuschließen.

Manche Eltern greifen in diesen Fällen auf Sojamilch zurück. Nach einer vorübergehenden Besserung beginnen dann allerdings die Probleme sehr häufig von vorne. Denn in nahezu fünfundvierzig Prozent der Fälle reagieren die betroffenen Kinder ebenso auf die Proteine in der Sojamilch mit Unverträglichkeit.

Es gibt auch Eltern, die die Kuhmilch durch Ziegenmilch ersetzen. Dies ist jedoch für Kinder nicht empfehlenswert: Ziegenmilch deckt den täglichen Bedarf an Nährstoffen, den andere Milch bereithält, nicht ab, und außerdem kann sie Verdauungsprobleme hervorrufen.

»Welche Anzeichen gibt es, daß die Behandlung auch wirklich erfolgreich ist?«

Wenn eine adäquate Diät eingehalten wird, werden die Unruhe und das Unwohlsein des Kindes nach etwa zwei bis drei Wochen abnehmen, und dann wird es von Tag zu Tag besser: Das Kind ist im ganzen fröhlicher und zeigt mehr Selbständigkeit. Auch seine Konzentrationsfähigkeit ist auffällig gesteigert. Und oft kann es jetzt Dinge bewerkstelligen, die ihm durch seine Unruhe bisher nicht möglich waren. Sein nächtlicher Schlaf wird sich nach weiteren zwei Wochen Diät ebenfalls normalisieren: Es schläft leicht und gut ein, und sein Schlaf ist tiefer und ruhiger – das gleiche gilt für den Mittagsschlaf.

Die Verdauungsschwierigkeiten und auch die Umstellung der Nahrung des Kindes sind oft begleitet von einer vergleichsweise geringen Gewichtszunahme, was sich jedoch mit einer entsprechenden Begleitbehandlung vollkommen einspielen wird.

»Wenn ich nun nichts unternähme – was würde dann passieren?«

Ohne Diätmaßnahmen wird das Kind die Unverträglichkeitssymptomatik wohl im Alter zwischen drei und fünf

Jahren überwunden haben. Eine gewisse Anzahl Kinder wächst auf diese Weise mit seiner Unverträglichkeit auf, und nach Jahren der Schlaflosigkeit stellt sich dann eine spontane Heilung ein. Die Dauer der nächtlichen wie auch am Tag auftretenden körperlichen Beschwerden hätte bedeutend verkürzt werden können, wenn eine Diät verschrieben worden wäre. Die Schlafprobleme hingegen mögen auch fortbestehen, wenn die körperlichen Symptome längst verschwunden sind: In diesen Fällen sind die Kinder in das Mißverständnis darüber verwickelt, was die häuslichen Schlafregeln und das von den Eltern erwünschte Schlafverhalten betrifft.

»Mein Kind wird also endlich gut schlafen können, wenn ich seine Ernährung umstelle?«

Generell kann man das bejahen. Allerdings berichten manche Eltern, daß das Streichen von Kuhmilchprodukten nicht die erwartete Besserung des Schlafverhaltens ergeben hat. Selbst wenn keine anderen greifbaren Gründe wie mißverständliche Erwartungshaltung oder körperliche Ursachen vorliegen, gibt es weiterhin die Schlafprobleme. Hier entdecken wir manchmal, daß das Kind durch andere Nahrungsquellen doch weiterhin Milchproteine zu sich nimmt, die zum Beispiel in Keksen, in Hackfleischzubereitungen oder auch in Panade versteckt sind.

Hinzu kommt, daß Schlaflosigkeit aufgrund von Nahrungsmittel-Unverträglichkeit oft ein zuvor nicht existierendes Verhaltensproblem mit sich bringt: Das verstärkte Bemühen der Eltern und entsprechende Maßnahmen, daß das Kind schläft, münden in ein Mißverständnis. Damit der Schlaf sich wirklich normalisiert, ist es notwendig, nach Abklingen der körperlichen Symptomatik auch dieses Mißverständnis aus der Welt zu schaffen.

»Muß man die Diät über lange Zeit einhalten?«

Die einmal verschriebene Diät wird sich nach und nach wandeln, wobei jedoch Produkte auf Milchbasis weiterhin strikt vermieden werden sollen. Das durchzuhalten ist natürlich vor allem in einer Familie mit Geschwisterkindern schwierig, die Kekse, Brötchen oder Eis essen dürfen, also Produkte, die Milchproteine enthalten. Hinzu kommt, daß hypoallergische Nahrung teuer ist. Und schließlich birgt eine Diät immer auch die Gefahr der Unterversorgung mit Spurenelementen wie Eisen oder mit Vitaminen. Deshalb darf man eine Diät nicht einfach so, auf Verdacht, ausprobieren; die ärztliche Diagnose sollte einen eindeutigen Zusammenhang zwischen der Ernährung und dem Schlafverhalten konstatieren.

»Werden die Probleme mit der Nahrungs-Unverträglichkeit dann in Zukunft nicht mehr auftauchen?«

Bei manchen Kindern, die über das kritische Alter zwischen drei und fünf Jahren hinausgewachsen sind, vergehen die allergischen Symptome wie Ekzeme, asthmatische Bronchitis oder Staubempfindlichkeit. Es gibt allerdings auch Erwachsene, die immer noch sensibel auf bestimmte Proteine reagieren, zum Beispiel mit Schlaflosigkeit. Eine junge Diätärztin in unserem Team beispielsweise verträgt kein Hühnereiweiß. Wann immer sie auch nur Spuren dieses Eiweißes zu sich nimmt, kann sie noch in der gleichen Nacht nicht schlafen, wird nervös und unruhig und kann sich auf nichts mehr konzentrieren. Wir konnten mehrmals regelrecht beobachten, wie diese Symptomatik sich entwickelte, sobald die Kollegin unbedacht etwas Falsches aß. Ihre Großmutter mütterlicherseits hat wohl nach Erzählungen in der Familie die gleichen Probleme mit Eiweiß gehabt.

Probleme mit der Atmung

Jetzt kommen wir auf zwei Formen von Atembeschwerden bei Kindern zu sprechen, die in der Nacht auftreten und zu wiederholtem Wachwerden führen:

- Bei der ersten Form handelt es sich um sogenannte nächtliche Aussetzer beim Atmen, um die sogenannte »Schlaf-Apnoe«, die sich bei Kindern ähnlich wie bei Erwachsenen äußern kann.
- Die zweite Form von Atembeschwerden sind die nächtlichen asthmatischen Krisen.

Sowohl die Apnoe wie auch die asthmatischen Beschwerden können schuld daran sein, daß Ihr Kind nachts oft aufwacht und tagsüber eine entsprechend auffällige Müdigkeit zeigt. Die Symptome sind in beiden Fällen für Eltern gut erkennbar, und sie sollten nicht auf die leichte Schulter genommen werden – auch nicht vom behandelnden Kinderarzt. Die Folgen für den Organismus, wenn diese Atmungsprobleme nicht oder nicht korrekt behandelt werden, dürfen in keiner Weise unterschätzt werden.

Schlaf-Apnoe – wenn der Atem aussetzt

Kevin bekommt keine Luft

Kevin, der drei Jahre alt ist, leidet immer häufiger unter Müdigkeit, selbst auf kurzen Autofahrten oder vor dem Fernseher passiert es, daß er einfach einschläft. In jüngster Zeit häuft es sich auch, daß er sogar beim Essen einschläft oder während er spielt. Einmal eingeschlafen, ist er blaß und atmet sehr flach, und seine Mutter muß ihn rütteln, damit er wieder aufwacht. Auch sein Verhalten hat sich verändert: Er wirkt niedergeschlagen und ist andererseits kompliziert und launisch, wenn nicht sogar hyperaktiv und aggressiv. Seit einigen Monaten hat sich sein Wachstum verlangsamt, und er selbst klagt über Bauchweh und Kopfschmerzen und Schmerzen in den Gliedern. Fieber hat er jedoch nicht, und alle Untersuchungen des konsultierten Kinderarztes sind ohne einen Befund.

Seit mehreren Monaten auch hat Kevin Schwierigkeiten beim Einschlafen. Schläft er einmal, schnarcht er und macht Geräusche beim Einatmen, als wäre er am Ersticken. Seine Eltern hören ihn durch die geschlossene Zimmertür den ganzen Wohnungsflur entlang, so laut ist es. Manchmal stellen sie fest, daß die Atemgeräusche von langen Pausen unterbrochen sind, und bald darauf klingt es so, als müsse Kevin langsam wieder zu Atem kommen. Wenn sie nach ihm sehen, schläft er mit offenem Mund und schwitzt sehr stark. Auch wacht er nachts wiederholt auf, beginnt zu weinen und zu quengeln. Seine Eltern glauben, daß er Alpträume hat.

Er mag es überhaupt nicht, flach im Bett zu liegen, sondern will immer mit erhöhtem Oberkörper schlafen; seine Eltern finden ihn manchmal fast im Sitzen schlafend vor. Im ganzen schläft er vielleicht drei bis vier Stunden nachts und macht tagsüber einen Mittagsschlaf von etwa einer Stunde. Und er hat wieder angefangen, nachts einzunässen, nachdem er eigentlich ab dem Alter von zweiundzwanzig Monaten seit über einem Jahr trocken war. Der Hausarzt hat Verschiedenes verordnet, damit Kevin besser schläft, jedoch ohne Erfolg. Seine Krankengeschichte gibt nichts Besonderes her, bis auf etliche Infektionen im Rachenbereich und in den Ohren.

Als Kevin bei uns in der Sprechstunde vorgestellt wird, ist er auffallend blaß, und ständig reibt er sich die Augen, die gerötet sind und dunkle Ringe haben. Er erzählt uns, daß schuld an seinem schlechten Schlaf Geister und Wölfe seien sowie Füchse und Hühner, die ihm nachts Angst einjagten. Manchmal wollten die Geister und all die Tiere ihm »die Luft abdrücken und wollen, daß ich sterbe«, wie Kevin sagt.

Ich untersuche den Kleinen und stelle eine eitrige Verengung der Nase sowie stark vergrößerte Mandeln fest, die den hinteren Rachenraum fast vollständig versperren. Da die Eltern nächtliche Videoaufnahmen vom Schlaf ihres Sohnes mitgebracht haben, auf denen man sehen kann, wie er sich abkämpft, um Luft zu bekommen, können wir in unserer weiteren Analyse der Bilder tatsächlich eine Schlaf-Apnoe feststellen: Kevin hat im Schlaf immer wieder auch lange Atemaussetzer, während derer der Herzrhytmus deutlich verlangsamt ist. Unterbrochen wird diese Blockade nur dadurch, daß er immer wieder kurz aufwacht.

Wir schlagen einen operativen Eingriff vor, bei dem die Mandeln vollständig entfernt werden sollen, und nach dieser Operation ist Kevins Verhalten wie verwandelt: Er schläft friedlich die ganze Nacht durch, von acht Uhr abends bis morgens um sieben, und macht auch mittags noch ein Schläfchen von einer Stunde. Er schnarcht nicht mehr, und auch seine Unruhe und das nächtliche Schwitzen sind verschwunden. Im ganzen ist Kevin ruhiger und konzentrierter bei der Sache – ob er spielt oder bei sonstigen Aktivitäten. Als wir ihn ein Jahr später zur Kontrolluntersuchung sehen, zeigt sich, daß diese Besserung tatsächlich dauerhaft ist: Abgesehen von seinem konstant ruhigen Schlaf hat Kevin in diesem Jahr normal an Gewicht zugenommen und auch keinerlei Atemprobleme oder Entzündungen im HNO-Bereich mehr gehabt.

Häufige Fragen zu Schlaf-Apnoe

»Mein Kind schläft nachts schlecht und schnarcht. Ist das ein Grund zur Beunruhigung?«

Es kommt nicht selten vor, daß Eltern einen Kinderarzt konsultieren, weil ihr Kind schnarcht oder es wieder angefangen hat, nachts einzunässen, nachdem es Monate lang eigentlich trocken war. Diese Dinge schrecken Eltern oft mehr auf als andere, weitaus gewichtigere Signale wie Müdigkeit tagsüber oder nächtliche Atemaussetzer. Wird letzteres nicht erkannt und behandelt, kann sich der Allgemeinzustand des Kindes bis zu einem Grad verschlechtern, der lebensbedrohlich genannt werden muß. Ich habe Kinder gesehen, die als Notfall auf die Intensivstation kamen wegen Herzinsuffizienz und Wasseransammlung in der Lunge – alles aufgrund der blockierten Atmung bei der Schlaf-Apnoe. Diese wird bei Kindern oft durch entzündete und vergrößerte Mandeln verursacht und kann durch eine entsprechende Operation vollkommen geheilt werden.

»Mein Sohn schnarcht nachts. Muß er operiert werden?«

Zuerst sollte untersucht werden, ob eine Schlaf-Apnoe vorliegt. Es gibt Symptome, die darauf hindeuten – also nächtliche Unruhe, häufiges Aufwachen, Schwitzen, laute Atemgeräusche und vor allem die von plötzlicher Stille unterbrochenen Schnarchphasen. Die Schlafgeräusche Ihres Kindes können Sie mit einem einfachen Kassettenrecorder aufnehmen und damit zu Ihrem Kinderarzt oder Hausarzt gehen, der dann anhand der Atmungsphasen und der Aussetzer analysieren kann, ob es sich um eine Schlaf-Apnoe handelt oder nicht. Eine Untersuchung wird in den meisten Fällen entzündete Mandeln bestätigen, die den Rachenraum versperren. Ganz selten gibt es andere medizinische Gründe wie zu enge Kiefer oder Übergewicht oder bestimmte neurologische Probleme.

Wenn ein begründeter Verdacht auf Schlaf-Apnoe vorliegt, ist ein Kind am besten in einem Schlaflabor untergebracht, wo das Schlafverhalten sowie die Herz- und Lungentätigkeit beobachtet und analysiert werden, um zu einer sicheren Diagnose zu kommen. Bestätigt sich der Verdacht, wird das Kind weiter an einen HNO-Spezialisten überwiesen, der die möglicherweise notwendige Mandeloperation vornehmen wird.

»Also schläft mein Kind wieder gut, wenn es operiert wird?«
Nach einer Mandeloperation ist der rein organische Grund für die Atem- und damit die Schlafprobleme natürlich behoben. Das bedeutet aber nicht notwendig, daß das Schlafverhalten sich automatisch wieder einrenkt, denn wie bei allen zunächst körperlich bedingten Schlafproblemen kann ein Verhaltensproblem hinzugekommen sein: Das Kind mißversteht die verstärkte Zuwendung seiner Eltern, damit es besser schläft. Die Maßnahmen, um dieses Mißverständnis aufzuklären, müssen also Hand in Hand mit der medizinischen Behandlung gehen.

»Tritt nach einer Mandeloperation sofort eine Besserung ein?«
Man kann fast von einer »wundersamen« Verwandlung sprechen: Mit den Mandeln verschwinden quasi auch die Beschwerden, die die Nächte so problematisch machten. Und auch tagsüber scheint das Kind wie ausgewechselt zu sein. Es wird lebhafter, aber genauso auch ausgeglichener, es zeigt im ganzen mehr Konzentration, und mit der Zeit verschwinden auch die besonders in den Wintermonaten bei ihm üblich gewesenen Infektionen der Atemwege.

»Wenn mein Kind Schlaf-Apnoe hat, ist eine Operation also unverzichtbar?«
Ich will Sie trotz allem nicht unnötig beunruhigen. Im Prinzip haben alle Kinder dann und wann Atemaussetzer im Schlaf, was vollkommen normal und auch keineswegs

170

gesundheitsbedrohlich ist. Bei einer Apnoe kommen die beschriebenen anderen Symptome hinzu; nur in diesen Fällen besteht Anlaß, einen Arzt zu Rate zu ziehen. Desgleichen kann ein Kind natürlich auch entzündete Mandeln haben, ohne jemals Atemprobleme während des Schlafes zu entwickeln und ohne daß eine operative Entfernung notwendig wäre.

Auf einen Blick

Wenn es auch normal ist, daß Kinder nachts schnarchen, so gibt es doch eine auffällige, alarmierende Form des Schnarchens. Hinzu kommen andere Alarmsignale wie nächtliche Unruhe, Schwitzen, angestrengte Atemgeräusche und häufiges Aufwachen. Wenn die ärztliche Untersuchung eine Apnoe diagnostiziert, ist ein operativer Eingriff angeraten. Durch eine Operation werden die Atemwege des Kindes wieder frei, so daß es zu einem gesunden Schlaf und auch einem normalen Verhalten tagsüber zurückfinden kann.

Nächtliches Asthma

Kommen wir nun zu der zweiten Form von Atmungsproblemen, die Kinder nachts haben können: nächtliches Asthma.Die Blockierung der Atmung ist hier nicht verursacht durch eine Verengung der oberen Atemwege. Die Ursache ist vielmehr in der Lunge sowie den Bronchien und den peripheren Bronchialverästelungen zu suchen. Ein betroffenes Kind muß eine beträchtliche physische Anstrengung unternehmen, um genügend Luft zu bekommen, so daß es dadurch auch nachts wiederholt aufwacht.

Hier die Geschichte des kleinen Ludwig:

Ludwig

Ludwig, der fünf Jahre alt ist, leidet an Asthma, und an zwei bis vier Nächten pro Woche hat er solche Atemnot, daß er aufwacht. Er hustet, wälzt sich hin und her und hat Angstgefühle. Er ruft seine Eltern um Hilfe, die dann ihrerseits so voller Angst um ihn sind, daß sie in diesen Nächten kein Auge mehr zu tun und an seinem Bettchen wachen.

Die Eltern kommen in die Sprechstunde mit der Hoffnung, daß wir etwas tun können, damit ihr Sohn besser schläft. Wir raten, einen auf Allergien spezialisierten Kinderarzt mit hinzuziehen, denn wir selber scheinen nichts tun zu können, was die Eltern beruhigen und entlasten könnte, solange der Junge diese nächtlichen Asthma-Anfälle hat.

Eine eingehende medizinische Untersuchung ergibt, daß Ludwig eine hochgradige Allergie gegen Hausstaub hat. Als eine entsprechende Behandlung sowie Präventivmaßnahmen eingeleitet werden, zeigt sich nach etwa einem Monat bei Ludwig eine Besserung. Und nach einem weiteren Monat hat er keinen Husten mehr und auch keine nächtlichen Asthma-Anfälle. Sein Schlafverhalten hat sich vollkommen normalisiert.

Auf einen Blick

Ein Kind, das Asthma hat, kann nachts unter verschiedenen Beschwerden leiden: Es hustet, sein Schlaf ist sehr unruhig, seine Atmung ist flach, und das Ausatmen kostet große Anstrengung. Diese nächtlichen Beschwerden sind bei manchen asthmatischen Kindern besonders ausgeprägt. Ursachen können ein allergisches Geschehen sein, eine Atemwegsinfektion oder auch ein Aufsteigen von Magensäure. Die Behandlung hängt sowohl von der Ursache als auch von der Schwere der Erkrankung ab. Normalerweise schlägt sie sehr gut an, und in den meisten Fällen zeigen die Kinder bei Eintreten in die Adoleszenz keinerlei asthmatische Symptome mehr.

6 Parasomnien – nicht zu verwechseln mit Schlafstörungen

Es gibt Eltern, die wegen ganz besonderer Fälle von Schlaflosigkeit zu mir kommen. Es handelt sich hier um auffällige Verhaltensweisen des Kindes, die sich im Schlaf manifestieren und die man »Parasomnien« nennt. Ein betroffenes Kind schläft während dieses Geschehens, wohingegen die Eltern der Überzeugung sind, daß es wach ist. Parasomnien sind vererbbar und äußern sich oft dramatisch, sie sind in der Regel aber nicht bedrohlich. Typischerweise ereignen sie sich gleich nach dem Einschlafen während der ersten Tiefschlafphase.

Die häufigsten Parasomnien bei Kindern:	
Bezeichnung	Verhalten des Kindes
Nachtschreck	*Weinen, Schreien*
Jaktation	*auffällige rhythmische Motorik*
Schlafwandeln	*koordinierte Bewegungsabläufe*
Enurese	*Bettnässen*

Worauf ich in diesem Kapitel auch zu sprechen komme, sind die Alpträume. Hierbei handelt es sich genau genommen nicht um eine Parasomnie, aber Eltern verwechseln sie sehr oft mit dem Phänomen des »Nachtschrecks«.

Auffällige nächtliche Motorik

»Mein Kind macht nachts beim Schlafen ganz komische Bewegungen. Ist das normal?«
Alle Kinder bewegen sich im Schlaf. Bei einigen kann die Motorik jedoch besonders auffällig oder heftig sein, was Eltern natürlich beunruhigt. Die neurologischen Probleme, die diese motorischen Auffälligkeiten bedingen, sind vielfältig. Sie sind jedoch auch sehr selten!
Bestimmte neurologische Krankheiten wirken sich negativ auf den Schlaf aus. Ich denke dabei an Kinder, die zum Beispiel eine Meningitis gehabt haben und die seither nicht mehr richtig schlafen können. Diesen Kindern – wohlgemerkt sind dies Ausnahmefälle! – kann durch eine spezielle medikamentöse Behandlung geholfen werden.

Epilepsie

Ebenfalls Ausnahmefälle, extremere noch als die gerade genannten, sind Kinder, deren nächtliche motorische Auffälligkeiten Symptome einer bis dato nicht erkannten Epilepsie sind. Wenn die Bewegungen, die ein Kind nachts macht, besonders auffällig sind, auch zu einer ungewöhnlichen Zeit auftreten und sich stereotyp wiederholen, liegt der Verdacht nahe, daß das Kind nicht nur unter einer einfachen Schlafstörung leidet. Dies wäre einer der sehr seltenen Fälle, in denen ich ein Schlafprotokoll mit Hilfe eines EEG (Elektroenzephalogramm) erstellen lasse, um herauszufinden, ob der Verdacht auf Epilepsie sich bestätigen läßt.
Die fünfjährige Isabelle, deren Geschichte ich hier erzählen möchte, hatte ein solch auffälliges Schlafverhalten:

Isabelle

Isabelles Schlafprobleme haben vor vier bis fünf Monaten begonnen: Sie weint und schreit und hat sogar angefangen, wieder einzunässen. Diese krisenartigen Anfälle hat sie jede Nacht, allerdings zu unterschiedlichsten Zeiten. Tagsüber ist sie eingeschüchtert und kaum zugänglich, ihr Kontakt zu anderen Kindern gestaltet sich sehr schwierig. Sowohl der Hausarzt als auch ein Neurologe haben sie gründlich untersucht, jedoch ohne konkreten Befund. Ein kinderpsychiatrisches Gutachten kommt zu dem Schluß, daß das medizinisch unerklärliche Schlafverhalten Isabelles sowie ihr unangepaßtes Verhalten tagsüber darauf hinweisen, daß sie ernsthafte psychische Probleme entwickle.

Bei meiner Untersuchung kann ich nichts dergleichen oder sonstige Besonderheiten feststellen und beschließe, eine eingehende Analyse ihres Schlafes zu veranlassen. Am Schlafprotokoll kann ich ablesen, daß Isabelle in den Momenten, wo sie beginnt zu weinen und zu schreien, epileptische Anfälle erleidet, die mehrere Minuten lang andauern. Die Gegenkontrolle im Wachzustand – wiederum anhand eines EEG, der Aufzeichnung der Gehirnströme – zeigt ein vollkommen normales Bild.

Der zuständige Kollege, ein Neurologe, leitet eine anti-epileptische Behandlung in die Wege, und nach nur wenigen Tagen sind alle Symptome verschwunden. Isabelle hat keine weiteren Anfälle nachts, und auch ihr Verhalten tagsüber bessert sich augenfällig.

Eine Kontrolluntersuchung nach sechs Jahren zeigt, daß die Behandlung wirklich nachhaltig war: Isabelle geht es seither gut, sowohl was ihren Schlaf als auch ihre schulische Sozialisation angeht.

Diese Fälle von nächtlichen Schlafstörungen sind wirklich sehr selten. Sie führen jedoch anschaulich vor Augen, daß kaum erklärliche Schlafprobleme durchaus neurologische Ursachen haben können, die unentdeckt blieben ohne das Schlafprotokoll, das die Aktivität der Hirnströme mißt und aufzeichnet.

»Muß man bei heftigen und unkontrollierten Schlafbewegungen immer an eine mögliche Epilepsie denken?«
Sie brauchen sich keine unnötigen Sorgen zu machen: Viele Ihnen seltsam oder erschreckend vorkommende Bewegungen, die Kinder im Schlaf machen, haben überhaupt nichts mit Epilepsie zu tun. Lassen Sie mich eine Faustregel geben: Alle Bewegungen der Gliedmaßen, Arme wie Beine, sind keine Anzeichen für Epilepsie. Es gibt die sehr spezielle Motorik der Beine, bei der sich, während das Kind schläft, ein Bein derart heftig bewegt, daß der kleine Schläfer davon aufwacht. Das hat aber, wie gesagt, nichts mit einer epileptischen Erkrankung zu tun.

Was auch vollkommen normal ist, ist das plötzliche Zukken oder Hochschrecken des Körpers, genauer der Arme oder Beine, während der Einschlafphase. Diese sehr geläufigen Bewegungen bei schlafenden Kindern nennt man Myoklonie, Schüttelkrampf, die Sie jedoch in keiner Weise beunruhigen muß. Es handelt sich hier um spontane Impulse einer Hirnregion während des Einschlafens, die zu Muskelzittern und auch Hochfahren des Körpers führen können. Normalerweise merkt das Kind davon überhaupt nichts, es kann jedoch auch passieren, daß es aus seinem Einschlafen dabei regelrecht aufschreckt und wieder wach wird.

Jaktation: Schlafzuckungen und Kopfschlagen

Jaktationen, Schlafzuckungen, auch Einschlafzuckungen genannt, sind in kinderärztlichen Praxen ein bekanntes Phänomen. Die Kinder machen auffallende rhythmische Bewegungen beim Einschlafen, die länger anhalten und sehr oft begleitet sind von kleinen Schreien. Die Eltern kommen in die Sprechstunde, weil sie ein schweres Schlafproblem befürchten oder weil sie Angst haben, daß ihr Kind eine Hirnerkrankung haben könnte.

Dazu die Geschichte des kleinen Philipp:

Philipp

Philipp ist jetzt siebzehn Monate alt, ein hübsches, freundliches und zutrauliches Kind. Tagsüber ist sein Verhalten vollkommen normal, aber seit seiner Geburt kann er nachts nicht richtig schlafen. Seine Eltern sind »am Durchdrehen«, wie sie sagen. Philipp, der im Zimmer seiner Eltern schläft, stellt sich mitten in der Nacht auf alle viere, schaukelt rhythmisch hin und her, wobei er stöhnt und kleine Schreie ausstößt. Bei diesem Schaukeln stößt er mit dem Kopf jedesmal an das hölzerne Kopfteil seines Bettchens. Seine Mutter steht dann auf und geht zu ihm hin, um ihn zu beruhigen und ihm zuzusprechen, doch mit der Schaukelei aufzuhören. Das wiederholt sich etwa alle neunzig Minuten die ganze Nacht hindurch.

Die Eltern haben Verschiedenes ausprobiert: leichte Beruhigungsmittel, eine musiktherapeutische Behandlung, eine radiologische Untersuchung des Kindes – nichts hat geholfen. Philipps Vater ist dreiunddreißig Jahre alt, groß und kräftig und von Beruf Polizist. Er selbst war bis zum Alter von acht Jahren Bettnässer, und bis er zwanzig war, hat er während des Schlafes mit seinem Kopf heftige rhythmische Bewegungen ausgeführt, gegen sein Kopfkissen.

Ich kann die Eltern beruhigen, daß ihr Kind vollkommen gesund sei und lediglich Einschlafzuckungen habe, mit deren Hilfe es wieder in den Schlaf findet, wenn es nachts aufwacht oder auch nur halb aufwacht. Dann erzähle ich Philipp, daß sein Papa auch ins Bett gemacht habe, als er klein war, und daß er sogar erst mit zwanzig mit dem Kopfschlagen aufgehört habe. Und jetzt sei er doch vollkommen gesund und normal, ja sogar ein besonders kräftiger Mann! – Ich empfehle den Eltern, Philipp in einem eigenen Zimmer schlafen zu lassen, damit sie nicht mehr so gestört werden, und vielleicht sogar seine Matratze auf den Boden zu legen, so daß er sich den Kopf nicht mehr in dieser Weise anschlägt und die Bewegungen im ganzen weniger heftig sind.

Eine Woche später kommt die Familie wieder, sichtlich erleichtert, und berichtet, daß Philipp sich schon in der ersten Nacht in dem anderen Zimmer viel weniger und auch weniger heftig bewegt habe. Die Eltern haben sich auch gegen seine Großmutter durchgesetzt, die sich über die Matratze am Boden aufgeregt habe – unmöglich und schlampig nannte sie es –, und bleiben nun bei dieser neuen Schlafregelung in der Familie.

Eltern, deren Kinder diese Schlafzuckungen haben, machen sich große Sorgen, ob nicht psychische oder neurologische Erkrankungen schuld daran seien oder gar Erkrankungen des Gehirns. Diese Angst ist vollkommen unbegründet. Die Zuckungen treten bei Kindern gewöhnlich während der ersten Lebensmonate auf und verschwinden wieder im Alter von etwa zwei Jahren, bei einigen Kindern etwas später.

Manchmal spüren die Kinder diese heftigen rhythmi-
schen Schlafbewegungen selbst. So sagte mir zum Beispiel
ein fünfjähriges Mädchen und lächelte dabei: »Meine Mama kommt jede Nacht zu mir. Ich klopfe mit meinem Kopf
gegen mein Bett, und schon kommt sie, die Mama.«

Die Bewegungen treten in Schlafphasen auf, die weniger
tief sind, oder eben in Einschlafphasen. Wenn sie während
der Nacht immer wieder vorkommen, ist dies ein Zeichen
für ungewöhnlich häufiges Erwachen des Kindes. Hier muß
man sich fragen, woran dieses ständige Aufwachen liegt.
Manchmal ergibt sich dann, daß sich ein Mißverständnis
mit eingeschlichen hat. Es kann aber auch eine Nahrungsmittel-Unverträglichkeit sein, die dazu führt.

Wenn nichts dergleichen zu finden ist, gibt es keine Behandlung, welche die Schlafbewegungen verhindert. Eltern
betroffener Kinder können allenfalls die Dauer und die
Intensität beeinflussen. Ich empfehle, wie schon oben erwähnt, die Matratze direkt auf den Boden zu legen, was
meiner Beobachtung nach immer einen dämpfenden Effekt
hat: sowohl was die Heftigkeit als auch die Lautstärke der
Schlafbewegungen betrifft. Was ich ebenfalls beobachte, ist
ein Zusammenhang damit, wie sehr sich das Kind tagsüber
bewegt und austobt. Tut es das intensiv, wird auch sein
Schlaf tiefer und ruhiger. Es wacht dann auch nicht mehr so
häufig nachts auf und muß weniger oft die heftigen Ein-
schlafbewegungen machen.

Auf einen Blick

Ein Kind kann, während es schläft oder einschläft, verschiedene neurologische Reaktionen zeigen (Beinbewegungen, Schaukeln des Körpers etc.). Richtiggehende

neurologische Erkrankungen hingegen sind sehr selten. Alarmsignale sind allerdings eine auffallende Intensität oder Häufigkeit der nächtlichen Motorik sowie ein abnormales Verhalten tagsüber. Besteht ein Verdacht, kann ein Schlafprotokoll (EEG) Klarheit verschaffen, und unter Umständen ist eine medikamentöse Behandlung nötig.

Das Weinen im Schlaf

»Mein Kind weint und jammert im Schlaf. Glauben Sie, daß es irgendein nervliches oder psychisches Problem hat?«

Wie die Schlafzuckungen und anderes auffälliges motorisches Verhalten im Schlaf gehören auch Alpträume und der sogenannte »Nachtschreck« zu den Phänomenen der Parasomnien. Dies sind Verhaltensauffälligkeiten, die sich gewöhnlich recht spektakulär manifestieren, das Kind jedoch nicht immer aufwecken, und meist hat es morgens auch keinerlei Erinnerung daran. Mit Ende des Kindheitsalters vergehen diese Parasomnien häufig von selbst. Auch sind sie weder Anzeichen für Erkrankungen des Gehirns noch für psychische Probleme. Des Weiteren sind eine gewisse Vererbbarkeit zu beobachten und auch das parallele oder sukzessive Auftreten verschiedener Parasomnien, was für das Kind aber keinerlei Folgen hat.

Mit den Alpträumen und dem Nachtschreck ist heftiges Weinen verbunden, wobei die Eltern oft glauben, daß ihr Kind aus dem Traum aufgeschreckt sei und nun im Wachzustand so weine. Im eigentlichen Sinne wach ist das Kind jedoch gewöhnlich nicht, deshalb sprechen wir in diesen Fällen auch nicht von Schlafstörung.

Alpträume

Nächtliche Alpträume haben die meisten Kinder. In manchen Fällen sind diese jedoch für die ganze Familie so belastend, daß sie ärztlichen Rat sucht.

Ein Alptraum ist tatsächlich ein Problem für ein Kind, denn es erlebt solch einen Traum sehr intensiv. Wenn es Angst vor diesen Träumen entwickelt, kann es passieren, daß es sich dagegen wehrt, abends einzuschlafen. So können Alpträume echte Schlafprobleme nach sich ziehen, die aus einer tiefen Angst vor dem Schlaf an sich entstanden sind.

Ganz normale Alpträume

Die Eltern des fünfjährigen Gabriel machen sich Sorgen. Ihr Sohn hat bisher immer ohne Schwierigkeiten geschlafen. Vor zehn Tagen dann ist er an einer Grippe erkrankt mit über vierzig Grad Fieber, das drei Tage angehalten hat und ihn nachts nur sehr schlecht hat schlafen lassen. Danach sind die Probleme aufgetaucht: Eines Nachts gegen vier Uhr gab Gabriel mehrere Aufschreie von sich und wälzte sich in seinem Bett, wobei er den Kopf heftig von einer Seite auf die andere warf. Seine Augen waren dabei geschlossen, und er schien furchtbare Angst zu haben. Seine Eltern weckten ihn auf. Schweißgebadet erzählte er von schrecklichen Dingen, die er gesehen habe: daß er gefangen war und sich nicht mehr bewegen konnte, weil er unter einem Schlitten in den Schnee gedrückt wurde und keine Rettung fand. In einer anderen Nacht, als das gleiche passierte und seine Eltern ihn wieder weckten, erzählte er von einer hohen glatten Mauer, vor der er stand und über die er nicht hinüberkam. Und er hatte Angst, wieder einzuschlafen und die Träume womöglich weiterzuträumen. Nach drei solcher Nächte schlief Gabriel dann zwei

Nächte hintereinander ruhig und traumlos, dann aber begannen die Alpträume von neuem.

Die Eltern erinnern sich, daß er als Zweijähriger schon einmal eine solche Phase mit Alpträumen gehabt hatte, ebenfalls nach einer fiebrigen Erkrankung. Nach ein paar Tagen allerdings waren sie auch wieder vorbei. Dem Vater fiel außerdem ein, daß er als kleiner Junge ebenfalls Alpträume hatte, er konnte sich sogar jetzt, mit dreiundvierzig Jahren, noch dunkel daran erinnern, wovon er damals geträumt hatte. Nachdem wir ausschließen können, daß es weder gesundheitliche noch ernährungsbedingte Gründe für eine echte Schlafstörung gibt, bleibt nur die Erklärung, daß Gabriel, wie sein Vater, besonders empfänglich ist für Alpträume. Und zwar typischerweise nach einer problematischen Schlafphase – bedingt durch eine Infektionskrankheit und hohes Fieber oder ähnliches. Die Alptraumphasen von Gabriel sind jedoch nicht alarmierend und erfordern keine besondere Maßnahme ärztlicherseits, wie ich den Eltern versichern kann.

In dem folgenden Jahr hat ihr Sohn in der Tat keine dieser Phasen mehr, und das, obwohl er die eine oder andere fiebrige Hals-und Ohreninfektion hatte.

Dieses Beispiel steht für viele Kinder, die diese typischen Alpträume haben. Begünstigt werden sie durch einen während oder nach einer Krankheit auftretenden unruhigeren Schlaf, wie es bei Gabriel der Fall war: Während er das Fieber hatte, schlief er für seine Verhältnisse ungewöhnlich schlecht. Dieser Schlafmangel nun führt nach der Krankheit dazu, daß der an sich normale Schlaf ebenfalls sehr unruhig wird. Und in diesen Schlafphasen kommt es zu vermehrter Traumaktivität – und eben Alpträumen.

Eltern wie Kindern hilft diese Erklärung manchmal. Auch das Sprechen über die Alpträume und das Bildermalen von angsteinjagenden Situationen kann hilfreich sein – nicht zu vergessen, daß man auch mit Humor manchem Kind über solch ein Problem hinweghelfen kann. Die beste Lösung zum Umgang mit den Alpträumen kommt aber bisweilen von den Kindern selbst.

Dem Alptraum eine Falle stellen

Der fünfjährige Mateo hat fast jede Nacht Alpträume. Seine Mutter sagt in der Sprechstunde, sie sei wegen dieser Schlafprobleme gekommen, glaube aber, »daß das Ganze gar nicht so schlimm ist, eigentlich sind es doch ganz normale Ängste, die jedes Kind hat«.

Die Probleme haben vor fünf Monaten begonnen. Seither träumt er in den frühen Morgenstunden, zwischen vier und sechs Uhr, immer denselben schrecklichen Traum: daß rund um sein Bett Wölfe stehen und ihn bedrohen. Tagsüber ist Mateo in keiner Weise ein ängstliches Kind, er ist gesellig, fröhlich und beliebt bei anderen Kindern.

Wir reden gemeinsam über das, was ihm angst macht, und über die Wölfe. Mateo sagt, daß er eigentlich ja wisse, daß diese Tiere nicht wirklich in seinem Zimmer sind, daß er aber trotzdem richtig Angst habe. Ich rate ihm, Bilder von den Wölfen zu malen und eine Woche lang ein »magisches Schlafheft« zu führen.

Als die Familie zur nächsten Sprechstunde kommt, hat Mateo weder die Bilder gemalt noch das Heft geführt. Statt dessen hält er eine riesige Plastiktüte in der Hand und berichtet mit großem Ernst, daß er mir hier seine Alptraum-Falle mitgebracht habe. Seine Mutter lächelt hierzu und scheint diesmal offensichtlich stolz auf ihren Sohn zu sein. Dieser fördert nun, eins nach dem anderen, fünf Holzbrettchen zutage, in die er lange Nägel eingeschlagen hat. Auch dies seien Teile der Falle, erklärt er, besonders stolz, weil er sie sich nicht nur selbst ausgedacht, sondern auch ganz alleine gemacht hat. Wenn er abends diese Angst bekommt und das Gefühl, er würde wieder von den Wölfen träumen, legt er die Bretter vor sein Bett und schläft dann beruhigt ein: Die Wölfe hätten viel zuviel Angst vor der Falle, als daß sie sich trauen würden, bis an sein Bett zu kommen, während er schläft. Morgens, nachdem alles gut gegangen ist, räumt er die Brettchen weg in seine Kommode, bis er sie wieder braucht. Sie sind für ihn die Sicherheitsgaranten, daß er gut schlafen kann.

Mein Rat zu Alpträumen

Wenn Alpträume nicht in Zusammenhang mit einem Problem oder Konflikt des Kindes stehen und sich auch keine Angst vor dem Einschlafen oder Schlafen überhaupt entwickelt hat, genügt ärztlicherseits die Versicherung, daß hier kein Anlaß zur Beunruhigung besteht. Mit Humor und »Magie« läßt sich die Bedrohung, die von einem Alptraum ausgeht, ebenfalls vermindern.

Leidet das Kind infolge seiner Träume jedoch unter einer Schlafangst, haben sich offene Gespräche darüber bewährt, und auch die Aufforderung, Bilder von den Angstsituationen zu malen. Wenn diese einfachen Mittel nicht helfen, sollte man eine fachliche psychologische Unterstützung für das Kind anbieten: eine Art Kurztherapie. Diese kann auch notwendig sein, wenn ein bestimmter quälender Alptraum sich immer und immer wiederholt.

Nachtschreck

Hier die Geschichte von Jonas, der jede Nacht zu einer
bestimmten Zeit laute Schreie von sich gibt:

Jonas

Seit seinen Ferien, die jetzt einen Monat her sind,
stößt der vierjährige Jonas im Schlaf Schreie aus und
ist die ganze Nacht sehr unruhig. Die Schreie ereignen
sich immer etwa eine Stunde nach dem Einschlafen,
zwischen zweiundzwanzig und dreiundzwanzig Uhr.
Dieses Verhalten bei Jonas ist völlig neu. Sicherlich hat
er auch schon den einen oder anderen Alptraum gehabt, aber niemals hatte er solche Angstzustände im
Schlaf, wie sie sich jetzt manifestieren. Wenn seine
Eltern nachts erschrocken zu ihm gehen, finden sie ihn
sitzend oder aufrecht stehend in seinem Bettchen an.
Er ist kalkweiß, schwitzt und starrt seine Eltern mit
offenen Augen an, und trotzdem sieht er sie nicht.
Wenn sie ihn auf den Arm nehmen wollen, stößt er sie
heftig zurück, schreit laut »nein, nein!« und gestiku-
liert wild. Seine Haut fühlt sich kalt und feucht an, und
sein Herz schlägt wie wild. Nach fünf Minuten ist alles
vorüber, Jonas schläft wieder ein und schläft durch bis
zum Morgen. Beim Aufwachen erinnert er sich an
nichts und ist ganz erstaunt, daß er geschrien haben
soll. Genauso erstaunt hat er auch nachts einmal reagiert, als seine Eltern ihn aus einer dieser Angstkrisen
heraus wachrüttelten: Warum sie in seinem Zimmer,
bei ihm am Bett seien und warum sie so erschrocken
aussähen?
    Die Eltern sind überzeugt davon, daß ihr Sohn
schreckliche Alpträume oder, schlimmer noch, epileptische Anfälle habe – vor letzterem haben sie besonders

große Angst, weil es in der nahen Verwandtschaft einen solchen Fall gibt.

Es sind jedoch keine Alpträume, die Jonas hat. Alpträume manifestieren sich weitaus weniger dramatisch als das Geschehen, das die Eltern beschreiben. Und vor allem finden Alpträume während der Traumschlafphase statt, also zwischen zwei und drei Uhr morgens. Zudem sind Alpträume, aus denen Kinder erwachen, so angstbeladen, daß die Kinder um keinen Preis wieder einschlafen wollen, damit sie ja nicht weiter diese schrecklichen Dinge träumen. Vor allem aber bleiben die Alpträume dem Kind in so lebhafter Erinnerung – ob es nachts noch aufwacht oder erst am Morgen –, daß es den Traum genau beschreiben kann.

Ich erkläre den Eltern also, daß es sich bei Jonas um etwas anderes handele und daß es auch nichts mit Epilepsie zu tun habe, die immer begleitet ist von Krampfanfällen des Körpers oder einzelner Körperteile und anderen Dingen wie Auf-die-Zunge-Beißen oder spontanem Wasserlassen. Und außerdem läßt sich ein epileptischer Anfall nicht durch eine Intervention wie Aufwecken unterbrechen.

Bei Jonas handelt es sich augenscheinlich um einen sogenannten »Nachtschreck«. Im Gegensatz zu Alpträumen tritt er in der ersten Nachthälfte, vor Mitternacht, auf, und zwar in der Tiefschlafphase. Die Muskelspannung des Kindes ist dann viel erhöhter als während der Traumphasen, und das Kind ist auch noch in der Lage, sich aufzusetzen oder gar in seinem Bett aufzustehen. Es schläft tief und fest, aber das Nervensystem arbeitet, vor allem das zentrale Nervensystem läuft auf Hochtouren: Muskeln, Herztätigkeit, Atmung.

Warum es zu diesem nervlichen Sturm kommt, weiß man nicht, aber er ist erwiesenermaßen nur von kurzer Dauer und stellt keine Bedrohung für das Kind dar. Da er während der Tiefschlafphase stattfindet und das Kind keine Traumaktivität hat, schläft das einmal erwachte Kind auch problemlos wieder ein und hat am nächsten Morgen keine Erinnerung daran.

Jonas' Mutter will nun gerne wissen, ob dieser »Nachtschreck« auf psychische Probleme hinweise. Sie liege seit mehreren Wochen im Streit mit ihren Eltern, und die Stimmung zu Hause sei entsprechend angespannt. Ich bin mir nicht ganz sicher, wie ich die Frage der Mutter beantworten soll: Natürlich ist nicht auszuschließen, daß eine angespannte familiäre Situation das Aufkommen von Nachtschrecken begünstigt. Demgegenüber beobachtet man bei vielen Kindern diese spezielle Form der Parasomnien, für die es auch eine gewisse Veranlagung in der Familie geben kann. So erfahre ich vom Vater, daß dessen Bruder als Kind schlafgewandelt ist und bis zum Alter von zehn Jahren ins Bett gemacht hat, und eine Schwester der Mutter hat Schlafzuckungen gehabt als kleines Mädchen. Jonas lacht, als er diese Geschichten hört, und ich sage, daß es da kein Wunder sei, wenn er nicht mindestens den Nachtschreck habe ...

Es gibt keine eigentliche Behandlung oder gar Medikamente für den Nachtschreck. Auch diese spezielle Form der Parasomnie taucht wie die anderen im Vorschulalter oder Schulalter auf und vergeht mit dem Heranwachsen des Kindes. Ich gebe den Eltern mit auf den Weg, daß sie Jonas während dieser Phasen weder stören noch aufwecken brauchen beziehungsweise es nicht sollen: Es wird ihrem Sohn nicht nützen, sondern höchstens seinen Schlaf stören.

Unterschiede zwischen Alptraum und Nachtschreck

Der Alptraum

Diese Angstträume lassen das Kind aus einer Traumschlafphase aufschrecken, meistens gegen Ende der Nacht
in den frühen Morgenstunden. Das Kind kann sich genau
an die schrecklichen Details aus seinen Träumen erinnern und schläft nicht wieder ein, bevor es sich beruhigt
hat und in Sicherheit fühlt. Das typische Alter liegt zwischen vier und sieben Jahren. Alpträume spiegeln unge-
löste Konflikte des Kindes wieder oder ganz normale
Phasen innerer Spannung, wie zum Beispiel die Ödipus-
Phase, die vorübergehender Natur sind. Alpträume treten auch häufig in Zusammenhang mit vermehrten
Traumschlafphasen auf, wie sie bei hohem Fieber oder
während des Abklingens einer Infektionskrankheit vorkommen oder auch nach Absetzen sedierender Medikamente, die über kurze Zeit hinweg verabreicht wurden.

Kindliche Alpträume werden nicht im medizinischen
Sinne behandelt. Vermeiden sollte man intensive Ein-
drücke vor dem Einschlafen durch Geschichten oder
Filme. In den meisten Fällen gehen Alptraumphasen von
selbst zurück. Selten gibt es Grund, nach psychologischen Auslösefaktoren zu suchen. Was dem Kind sehr
hilft und es erleichtert, ist das Erzählen oder Aufmalen
seiner Träume; oft verlieren die Träume dann an Heftigkeit und Schrecken.

Der Nachtschreck

Fünf Prozent der Kinder zwischen zwei und sechs Jahren erleben diese für Beobachter dramatischen Phasen,
in denen sie nachts vor Angst und Schrecken aufschreien. Das Geschehen selbst ist kurz und hinterläßt

beim Kind keine Erinnerung. Es tritt während der ersten Nachthälfte auf, gegen Ende der Tiefschlafphase im Übergang zum Traumschlaf. In den allermeisten Fällen hört der Nachtschreck nach und nach im Alter von etwa zehn Jahren von selbst auf.

Ärzte können eines tun: den Eltern die Sorge nehmen, es handele sich um etwas Bedrohliches, und von jeglicher Medikation abraten. Wenn die Geschichte des Kindes einen Verdacht auf Epilepsie oder Schlaf-Apnoe nahelegt, bringt ein Schlafprotokoll mit Hilfe eines EEG Klärung.

Das Spiel der inneren Uhr

Hier kommen wir nun zu einer sehr speziellen Situation, die verhindert, daß ein Kind zu der Zeit einschläft, zu der es das nach Ansicht der Eltern eigentlich sollte. Die Eltern meinen hier mit einer Schlafstörung konfrontiert zu sein, dabei schläft ein solches Kind eigentlich ausgesprochen gut – nur eben nach der eigenen Uhr. Es schläft entweder zu früh oder zu spät ein, was damit zusammenhängt, daß der chronobiologische Mechanismus sozusagen »anders tickt«. Die Ursachen hierfür sind noch nicht erforscht. Diese zeitliche Kluft zwischen den erwarteten und tatsächlichen Einschlaf- und Aufwachphasen findet man vor allem bei Kindern im Schulalter, aber es gibt auch immer wieder ganz kleine Kinder unter drei Jahren, bei denen das gleiche Phänomen zu beobachten ist.

Wenn die Uhr nachgeht: die verspätete Einschlafphase

Wenn Kinder viel später einschlafen, als sie sollten, bedeutet das auch, daß sie nach ihrem vollkommen normalen Schlafpensum natürlich auch morgens entsprechend später wach werden.

Wenn ein Kind erst zu nächtlicher Stunde in den Schlaf findet, dreht und wendet es sich bis dahin schlaflos in seinem Bett herum, ist nervös und hat womöglich Schuldgefühle, weil es noch nicht schläft, und hat außerdem Angst davor, am nächsten Morgen müde aufstehen zu müssen. All dies führt dazu, daß es aufsteht und Hilfe sucht: Es kommt mehrmals in das Wohn- oder Schlafzimmer der Eltern, die meistens besorgt reagieren oder auch ungeduldig und ärgerlich. Es kann bis in die frühen Morgenstunden dauern, bis das Kind dann endlich eingeschlafen ist.

Am Morgen brauchen die Eltern mehrere Anläufe, um es wach zu bekommen und zum Aufstehen zu bringen. Beim Anziehen und Frühstück ist es dann entsprechend übermüdet und ißt ohne Appetit. Mit seiner Müdigkeit schleppt es sich durch den Tag, wobei es charakteristisch ist, daß sie zum Abend hin kontinuierlich abnimmt. Das heißt, abends ist das Kind in Hochform, und zwar so sehr, daß es zur Schlafenszeit alles andere als bereit ist, ins Bett zu gehen. In Zeiten, in denen solch ein Kind am Morgen so lange schläft, wie es möchte – also am Wochenende vielleicht oder in den Ferien –, kennt es diese Müdigkeit nicht.

»Mein Kind will abends einfach nicht einschlafen. Es wehrt sich geradezu dagegen. Vor elf Uhr schläft es nie! Kann das psychologische Gründe haben?«
Warum die innere Uhr bei einem Kind nachgeht, wissen wir nicht. Offensichtlich kann das Gehirn den Moment des Einschlafens nicht auf die Stunde einpendeln, die von der sozialen Umgebung erwartet wird. Dieses zeitliche Ausein-

anderklaffen ist sehr oft vorübergehender Natur und kann zum Beispiel nach einer Krankheit oder nach längeren Ferien auftauchen, in denen andere, flexiblere Schlaf- und Aufstehzeiten gelten als im Rest des Jahres. Das gleiche Phänomen erlebt man bei einer Flugreise, bei der mehrere Zeitzonen übersprungen werden. Bei einigen Kindern kommt die innere Uhr auch mit der Zeitverschiebung von Winter- auf Sommerzeit nicht mit, wie wir an Beispielen in Kapitel 4 gesehen haben. Normalerweise aber spielt sich das nach ein paar Tagen ein.

Die Verschiebung der Einschlafphase nach hinten ist typisch für das Alter ab sechs Jahren, sie kann aber eigentlich in jeder Altersstufe auftauchen. Eine Belastung sowohl für das Kind als auch seine Eltern ist dieses Phänomen aber immer. Die Eltern machen sich Sorgen, weil ihr Kind anscheinend nicht einschlafen will und oft noch wach daliegt, wenn sie selbst ins Bett gehen. Manche denken, das Kind tue das mit Absicht, aus Trotz, oder habe psychische oder vielleicht sogar neurologische Probleme. Sie holen sich unter Umständen den Rat eines Spezialisten, um herauszubekommen, warum ihr Kind sich gegen das Schlafen so entschieden auflehnt – und gegen ihre Autorität. So findet man nicht wenige Kinder, deren innere Uhr nachgeht, bei Psychologen oder Kinderpsychotherapeuten. Wenn die Haltung der Eltern ausgesprochen starr ist, wird das Kind aus Angst vor den elterlichen Reaktionen zusätzlich nervös und ängstlich, sobald der Abend naht und damit die postulierte Schlafenszeit – und es wird um so schwieriger für das Kind, in den Schlaf zu finden.

Francis kann nicht einschlafen

Francis ist acht Jahre alt, ein hübscher Junge, der einen ausgesprochen klugen wie auch schüchternen Eindruck macht. Gegen acht Uhr abends geht er ins Bett, kann aber beim besten Willen nicht vor zehn oder elf einschlafen. Morgens um sieben muß er aufstehen, um in die Schule zu gehen. Er ist müde, übernächtigt, klagt über Kopfschmerzen und darüber, daß er friert. Zum Frühstück nimmt er kaum etwas zu sich. Seine Müdigkeit ist so groß, daß seine Eltern ihn manchmal erst später am Vormittag in die Schule schicken. Er schleppt sich dann durch die Schulstunden und schläft sogar auch während des Unterrichts gelegentlich ein. Trotzdem ist er ein guter Schüler.

Diese Probleme mit dem Schlafen sind vor etwa sechs Monaten aufgetaucht, seit den Ferien, in denen der ganze Tagesablauf vollkommen anders war als sonst. Verschlimmert haben sie sich dann noch mit der Umstellung von Winter- auf Sommerzeit, womit Francis noch eine Stunde weniger Nachtschlaf bekam. Francis fühlt sich gegen abend viel wacher als morgens, und er sagt, daß er Abende am schönsten finde, den Morgen dagegen hasse ...

Der Vater ist sehr autoritär und läßt nicht die mindeste Diskussion über seine Erziehungsprinzipien zu. In seinen Augen macht Francis das »Einschlaftheater« mit Absicht. So wird er abends oft ärgerlich und droht seinem Sohn auch mit Strafen, wenn er so weiter macht und so lange wachliegt.

Als ich mich direkt an Francis wende und ihm erkläre, was es mit der inneren Uhr auf sich hat und daß diese vor- oder nachgehen kann, wobei ich mich bemühe, das Thema zu entdramatisieren, entspannt er sich merklich und beginnt auch zu lächeln. Ich rate ihm, da ja das Auseinanderklaffen in seinem Fall nicht mehr als zwei, drei Stunden betrage, sich keine großen Gedanken darüber zu machen. Er solle doch lieber von diesen Stunden profitieren: etwas lesen oder malen zum Beispiel. Das allerdings nicht im Bett, richtig ins

Bett solle er erst gehen, wenn er müde wird beziehungsweise eine gute halbe Stunde vor seiner normalen Einschlafzeit, also gegen halb zehn. Später, wenn er größer ist, werde er ohnehin immer später einschlafen müssen, spätestens dann gleiche sich das von ganz allein aus.

Bei der nächsten Sprechstunde eine Woche später sind sowohl Francis als auch sein Vater viel gelöster. Francis ist es auch, der als erster zu erzählen beginnt, daß er abends jetzt lese und Musik höre und sich nicht mehr verrückt mache und daß er ganz von alleine dann doch um neun Uhr einschlafe – eine Stunde früher sogar als noch vor kurzem! Francis hat keine Angst mehr vor der Schlafenszeit, und auch sein Vater bestätigt, daß er die Situation jetzt akzeptabel finde. Francis' Müdigkeit am Morgen hat sichtlich nachgelassen, und es passiert ihm auch nicht mehr, daß er in der Schule einschläft.

Francis' Angst vor dem Einschlafen hat wie eine Barriere gewirkt, die noch verstärkt wurde durch die Ärgerlichkeit seines Vaters. Das Kind hat sich schuldig gefühlt und war nervlich belastet. Diese nervliche Belastung hat seinen Schlaf noch einmal um gut eine Stunde nach hinten verzögert, wie man sehen konnte, als diese verschwunden war. So wie es Francis jetzt geht, sehe ich keine Notwendigkeit für eine Behandlung – wenn alle Betroffenen die doch relativ geringe Verspätung von ein bis anderthalb Stunden entdramatisieren, wird es dem Kind wie durch ein Wunder gelingen, nach und nach immer leichter und früher einzuschlafen.

Wenn die Kinder größer sind und das verzögerte Einschlafen zu einer ernstzunehmenden andauernden Müdigkeit führt, bin ich immer dafür, zunächst die Situation als ganze zu entdramatisieren und dem Kind – wie auch seinen

Eltern – mögliche Schuldgefühle zu nehmen. Manchmal schlage ich Maßnahmen vor, die dem Kind dabei helfen, mit seiner Müdigkeit fertigzuwerden. Zum Beispiel, daß es vormittags in der Schule, wenn es gar nicht mehr kann, ins Krankenzimmer geht und sich dort vielleicht eine Viertelstunde lang hinlegt und ausruht oder sogar schläft.

Gerade ältere Kinder helfen sich morgens auch mit Kaffee oder Tee oder anderen stimulierenden Getränken mit Theobromin, einem Alkaloid, das unter anderem in Kakao enthalten ist. Hier muß man jedoch die nachteilige Wirkung dieser Stoffe wiederum auf das Einschlafen bedenken (siehe S. 154ff. über Nahrungsmittel-Unverträglichkeiten). Es gibt auch abendliche Hilfsmittel wie kaltes Duschen oder, was ich von einigen Kindern kenne, ein großes Glas kalten Obstsaft oder ein Aspirin. Solche Methoden drücken die Körpertemperatur, was das Einschlafen begünstigt, wobei es jedoch kaum zu entscheiden ist, ob es nicht auch der Placebo-Effekt ist, der hier wirkt: Solche Rituale haben einen erwiesenen psychologischen Effekt, der dem Kind Sicherheit gibt und es beruhigt – die Eltern im übrigen auch.

Jugendlichen, bei denen die Zeitverschiebung gravierend ist, empfehle ich eine Licht-Therapie. Gezielt eingesetzt am Morgen, hilft sie tatsächlich, die Müdigkeit zu vertreiben. Oder ich empfehle eine Schritt-für-Schritt-Methode, nach der die Einschlafzeit mit Absicht immer weiter nach hinten verzögert wird, bis sie sich dann mit der »Soll-Zeit« deckt. Diese Methode erscheint den Eltern oft bizarr, die Jugendlichen sind jedoch begeistert, und ihre Wirkung ist erstaunlich! Schließlich gibt es auch noch die Möglichkeit einer Therapie mit dem natürlichen Hormon Melantonin.

Dies und die anderen hier angesprochenen Maßnahmen sind wohlgemerkt aber nicht für Kleinkinder geeignet, sondern ab der Adoleszenz.

Wenn die Uhr vorgeht: die zu frühe Einschlafphase

»Mein Sohn schläft wie ein Murmeltier um sechs Uhr abends ein. Ich kann ihn unmöglich wachhalten. Morgens wacht er dann schon um fünf Uhr auf. Das ist die Hölle. Hat er womöglich Probleme?«

Wenn die innere Uhr vorgeht, hat das Kind das Bedürfnis, sehr viel früher einzuschlafen, als von ihm erwartet wird, und es kann auch nichts dagegen tun. Es klappt vor Müdigkeit buchstäblich um und schläft dann ganz normal bis zum Morgen, um erfrischt und hellwach aufzustehen. Da dieses morgendliche Wachwerden aber beträchtlich früher und auch viel zu früh ist für den Rest der Familie, bringt ein Frühaufsteher-Kind das Familienleben ordentlich durcheinander.

Diese Fälle, in denen die innere Uhr vorgeht, kommen viel seltener vor als die umgekehrten, und sie sind auch eher bei Säuglingen und Kleinkindern zu beobachten. Hier korrigierend einzugreifen ist zudem einfacher, zum Beispiel durch ein progressives Verschieben des abendlichen Badens oder auch schon der Mittagsmahlzeit, so daß auch der Zeitpunkt des abendlichen Ins-Bett-Bringens sich allmählich nach hinten verschiebt.

Hier die Geschichte des kleinen Paul:

Paul wacht furchtbar früh auf

Paul ist vier Jahre alt. Seine Eltern kommen mit ihm zu mir, weil er – wie sie sagen – schon immer ganz schlecht schläft. Praktisch jede Nacht wacht er zwischen drei und fünf Uhr morgens auf, hellwach und unternehmungslustig, und läßt sich nur mit Mühe dazu bewegen, noch ein bißchen weiterzuschlafen ... Tagsüber ist er fröhlich und unkompliziert. Im Laufe des Nachmittags wird er jedoch zunehmend müder und schläft

gegen sieben Uhr abends ein. Länger wachhalten könne man ihn unmöglich, sagt seine Mutter.

Ich kann die Eltern beruhigen, daß Paul weder ein
Schlafproblem noch psychische Probleme habe. Ich
erkläre ihnen, daß und wie die sogenannte innere Uhr
eines Kindes vor- oder nachgehen kann, und empfehle
die Schritt-für-Schritt-Methode: beginnend mit dem
kleinen Nachmittagsimbiß auch das Abendessen und
schließlich das Gute-Nacht-Ritual wie Baden etc. jeden
Tag eine halbe Stunde mehr nach hinten zu verschieben, so daß Paul in vier Tagen bei der gewünschten
Schlafenszeit von etwa zwanzig Uhr sein dürfte.

Eine Woche später, als die Eltern wiederkommen, haben sie es tatsächlich geschafft: Paul schläft jetzt um
zwanzig Uhr ein und wird erst wieder nach sechs Uhr
morgens wach. Die Eltern freuen sich darüber, hätten
aber gerne, daß Paul noch eine Weile länger schliefe. Sie
fragen mich, ob es möglich sei, ihn deshalb vielleicht
noch später zum Einschlafen zu bringen. Ich sage den
Eltern ganz offen, daß ich davon nichts halte: Um zwanzig Uhr einzuschlafen ist für einen Vierjährigen ganz
und gar angebracht. Außerdem komme es mit dem Grö-
ßerwerden von Paul von selbst dazu, daß er länger
schlafe, zum Beispiel, weil er tagsüber aktiver wird,
mehr Sport macht, die Schule ihn fordert etc.

Praktische Tips

Verschaffen Sie sich Klarheit, warum Ihr Kind möglicherweise zu früh einschläft: Hat es einen nicht erholsamen,
gestörten Nachtschlaf, so daß es effektive Müdigkeit ist,
die es so früh am Abend ins Bett treibt?

197

Ist dies nicht der Fall, brauchen Sie nichts weiter zu tun, als nach und nach die Zeiten vom Mittagsschlaf bis zum Abendessen und Ins-Bett-Bringen nach hinten zu schieben.

Passen Sie auf, daß sich keine »schlechten Schlafgewohnheiten« einschleichen, wenn Sie versuchen, auch das morgendliche Aufwachen zu verzögern. Es führt zu Mißverständnissen zwischen Ihnen und Ihrem Kind, wenn Sie ihm möglicherweise ein Fläschchen geben, damit es über dem Nuckeln wieder einschläft, oder es mit zu sich ins Bett nehmen. Damit riskieren Sie, daß es zu Problemen kommt, die Ihr Kind vorher gar nicht hatte, und daß Sie seinen Schlaf, der bis auf die Zeitverschiebung ganz normal und gut war, durcheinanderbringen. Hier gilt allerdings auch: Hüten Sie sich vor Prinzipienreiterei und allzu strengen Regeln! Wenn das, was Sie an Maßnahmen ergreifen, Erfolg hat und für Sie stimmt, belassen Sie es dabei!

Schlafwandeln

Was ist Schlafwandeln?

Das Schlafwandeln, Somnambulismus, ist eine nächtliche motorische Aktivität, während der das Kind schläft. Weder ist ihm bewußt, was es tut, noch hat es morgens eine Erinnerung daran. Das Schlafwandeln kann ganz verschiedene Formen annehmen: einfache motorische Aktivitäten, bei denen das Kind sich zum Beispiel im Bett aufsetzt oder aufsteht, ein paar Schritte umhergeht und sich wieder hinlegt.

Es gibt jedoch auch komplexere Bewegungsabläufe. Das Kind kann in der ganzen Wohnung oder im Haus herumspazieren, Türen öffnen und schließen, Treppen hinauf- und hinabsteigen. Manchmal kommt es sogar dazu, daß ein Kind Möbel herumrückt oder sich etwas zu essen macht.

»Träumt mein Sohn, wenn er schlafwandelt?«
Ein Schlafwandler geht zwar nachts herum, aber er träumt dabei nicht. Zeichnet man die Hirnaktivität auf, zeigt sich, daß er in der Tiefschlafphase ist. Das bedeutet, daß das Schlafwandeln meistens in der ersten Nachthälfte auftritt, wenn die Tiefschlafphasen am längsten sind. Und es bedeutet, daß das Kind aufgrund des genügend großen Muskeltonus während dieser Phase – im Gegensatz zur Traumphase – in der Lage ist, aufzustehen und koordinierte Bewegungen zu machen. Manchmal sind diese schlafwandlerischen Aktivitäten erstaunlich komplex und würden dem Kind im Wachzustand einiges an Konzentration und Koordination abverlangen.

Eltern, die natürlich beunruhigt sind und versuchen, ihr Kind aufzuwecken, wenn es schlafwandelt, rate ich, Vorsichtsmaßnahmen zu treffen, damit es sich womöglich nicht verletzt. Und vor allem rate ich, das Kind nicht aufzuwecken, sondern es behutsam zu seinem Bett zurückzubegleiten. Denn es aufzuwecken hieße nur, daß der Schlaf des Kindes gestört würde und es tagsüber unnötig müde wäre: Verhindern wird man das Schlafwandeln dadurch nicht. Manchmal kommt es vor, daß das Schlafwandeln in Zusammenhang steht mit unangenehmen Erlebnissen oder Gefühlen für das Kind. Als würde das Schlafwandeln begleitet sein von Alpträumen, die das Kind hat. Hierzu die Geschichte der kleinen Catarina:

Catarina

Die dreijährige Catarina hat, wie ihre Eltern sagen, seit etwa sechs Monaten fast jede Nacht »Alpträume«, das heißt, sie bewegt sich heftig im Schlaf, stöhnt auf und sagt Dinge wie »nein, laß mich, das darfst du nicht«, steht auch auf und geht im Haus umher. Dann legt sie sich wieder hin, aber manchmal beginnt nach zwei bis drei Stunden alles von vorne. Und immer passiert es in der ersten Nachthälfte.

Der Kinderarzt hat eine homöopathische Behandlung verordnet, die sechs Wochen lang Wirkung gezeigt hat, dann aber kamen die Alpträume und das Schlafwandeln trotz laufender Behandlung wieder. Andere Verfahren schlugen ebensowenig an: von leichten Schlafmitteln bis zur Ernährungsumstellung und einer Diät ohne Kuhmilch. Und auch wenn Catarina bei ihren Großeltern schläft, zeigt sie das gleiche Verhalten.

Es kann vorkommen, daß Catarinas Schlaf einige Tage lang, manchmal auch ein, zwei Wochen vollkommen ungestört ist, dann aber tauchen die Alpträume genauso spontan wieder auf, wie sie verschwunden waren. Die Eltern haben beobachtet, daß ihre Tochter, wenn sie krank war, weniger fest schlief und dann nicht schlafwandelte. Ihre Mutter erzählt, daß sie selbst bis zum Alter von zweiundzwanzig Jahren schlafgewandelt sei und auch Alpträume gehabt habe. Dies tut sie heute nicht mehr, aber sie redet im Schlaf und antwortet sogar auf Fragen, die man ihr stellt.

Ich berate die Eltern dahingehend, die Situation nicht zu dramatisieren, sondern Catarinas Schlafverhalten als eine harmlose Form von Parasomnie zu sehen, die wohl in der Familie liegt.

Sechs Monate später schlafwandelt die Kleine immer noch, und die Eltern erzählen, daß sie jetzt wie ihre Mama auch im Schlaf rede, das aber eher gegen Ende der Nacht. Alle in der Familie, Catarina eingeschlossen, scheinen mit der Situation gut zurechtzukommen, die Eltern zeigen gar eine leichte Belustigung, wenn sie von den Nachtaktivitäten ihrer Tochter berichten.

Häufige Fragen zum Schlafwandeln

»Warum schlafwandelt mein Kind überhaupt?«

Das Schlafwandeln ist eine Form der Parasomnie wie die Schlafzuckungen oder der Nachtschreck, und es ist auch möglich, daß ein Kind mehrere dieser Phänomene gleichzeitig zeigt. Eine mögliche Erklärung für das gehäufte Auftreten von Parasomnien bei einem Kind wäre, daß das Hinübergleiten von einer Schlafphase in die nächste bei ihm nicht unmerkbar und wie von selbst geschieht, sondern sich unruhig vollzieht. Deshalb spricht man in diesen Fällen auch nicht von eigentlichen Schlafstörungen, sondern von unruhigen Übergangsphasen zwischen den einzelnen Schlafphasen.

»Ist es gefährlich, ein schlafwandelndes Kind aufzuwecken?«

Nein, überhaupt nicht. Aber man muß wissen, daß ein Schlafwandler fest schläft und sich dessen nicht bewußt ist, was er tut. So gibt es eigentlich auch keinen Grund für das Aufwecken, es sei denn, dem Kind droht Gefahr: zum Beispiel, wenn es auf eine steile Treppe zugeht. Und Vorsicht: Niemals darf man einen Schlafwandler quasi »aus der Ferne« wecken, wenn er sich schon in einer halsbrecherischen Situation befindet und beispielsweise auf einem Dachfirst entlangbalanciert.

»Was soll ich tun, wenn mein Kind nachts schlafwandelt und umhergeht?«

Die Aufgabe der Eltern ist hier »nur«, Vorsichtsmaßnahmen zu treffen, damit das Kind sich nicht in Gefahr bringen kann. Man muß vor allem dafür sorgen, daß es weder aus dem Fenster fallen noch eine Treppe hinunterstürzen kann, daß es sich nicht verbrennt oder sich in der Küche beim Herumhantieren verletzt.

»Wann muß ich den Kinderarzt alarmieren?«

Ein Fall für den Arzt wird Ihr schlafwandelndes Kind dann, wenn das Schlafwandeln ungewöhnlich oft auftritt oder begleitet ist von Angsterscheinungen und anderen auffälligen Manifestationen wie epileptischen Symptomen. Dies wird ein Arzt abklären müssen, was aber wohlgemerkt nur in ganz seltenen Fällen notwendig ist.

Bettnässen

Jakob macht immer noch ins Bett ...

Jakob ist fünf Jahre alt. Beim Schlafen passiert es ihm ein bis zweimal die Nacht, daß er ins Bett macht, und zwar an bis zu vier Tagen in der Woche. Bis vor zwei Jahren waren diese Phasen des Bettnässens sogar noch häufiger, da ist es ihm jede Nacht passiert. Seine Eltern sind beunruhigt und fragen sich, ob das Bettnässen nicht Ausdruck eines verborgenen psychischen Problems sei. Der Kinderarzt der Familie hat zu einer speziellen Matratze mit Weckmechanismus geraten, aber diese Maßnahme zeigte über ein halbes Jahr lang keine Wirkung.

Auf Nachfrage erfahre ich, daß in der Familie solche und andere schlafbegleitende Phänomene wohl ganz normal sind: Jakobs Vater und auch sein Bruder haben beide als Kinder lange ins Bett gemacht, eine Tante mütterlicherseits ist schlafgewandelt, und Jakobs älterer Bruder hat Schlafzuckungen gehabt, bis er fünf Jahre alt war. Jakob selbst ist ein fröhliches und geselliges Kind, in der Vorschule kommt er sehr gut zurecht und hat Spaß an verschiedensten Dingen. Er hat auch keinerlei Hemmungen und freut sich sehr, wenn er von Freunden zum Übernachten eingeladen wird. Er erzählt ohne Scham von seinem Problem und daß er deswegen nachts eine Windel tragen müsse.

Angesichts dieser Situation, die weder für das Kind selbst noch für die Eltern einen besonderen Konflikt bedeutet, rate ich dazu, Geduld zu haben und nichts Besonderes zu unternehmen. Ich erkläre den Eltern alles Wissenswerte zum Bettnässen, zur sogenannten Enurese, und biete ihnen meine Hilfe sowie die fachliche psychologische Betreuung eines Kollegen an, wann immer sie sie brauchen.

Wann spricht man von »Bettnässen«?

Jakob hat eine sogenannte »primäre Enurese«, das bedeutet, sie besteht seit Geburt. Von »sekundärer Enurese« spricht man, wenn ein Kind bereits seit einigen Monaten sauber war. Bei Jakob ist offensichtlich, daß er nicht unter der Bettnässerei leidet. Hier kann man davon ausgehen, daß das Problem spontan, das heißt von selbst vergeht, weswegen ich auch keine spezielle Behandlung vorgeschlagen habe.

Eine primäre Enurese ist bei Kindern unter fünf Jahren generell kein Grund zur Besorgnis, und erfahrungsgemäß nimmt das Bettnässen mit dem Heranwachsen des Kindes auch kontinuierlich ab. Unter den Fünfjährigen sind es noch zehn bis fünfzehn Prozent, bei Zwölfjährigen nur noch drei Prozent betroffener Kinder.

Wenn die Eltern ein drängendes Bedürfnis haben, an der Situation ihres Kindes etwas zu ändern, bieten wir eine gezielte psychologische Unterstützung, bis die nächtlichen »Unfälle« verschwunden sind. Ist es allerdings so, daß das Bettnässen für das Kind selbst eine psychische Belastung darstellt und auch das familiäre sowie soziale Leben beeinträchtigt, rate ich sehr wohl zu Behandlungsmaßnahmen. Hier gibt es zum Beispiel ein Äquivalent zum »magischen Schlafheft«: ein Heft, in dem das Kind selbst seine »trockenen« und seine »nassen« Nächte protokolliert. Man kann auch die schon erwähnte spezielle Matratze verwenden, die einen Weckmechanismus in Gang setzt, sobald Feuchtigkeit hineindringt. Dies bringt das Kind dazu aufzuwachen, wenn es Wasser lassen muß. Schließlich gibt es Medikamente, die spezielle Wirkstoffe zur verbesserten Kontrolle der Blase und der Harnwege enthalten, oder auch Präparate, die den Drang zum Wasserlassen vermindern. Eine solche medikamentöse Behandlung ist jedoch auf jeden Fall einem Facharzt zu überlassen.

Bei der sekundären Form der Enurese liegt oft ein psychisches Problem des betroffenen Kindes vor. Sehr viel seltener ist sie Folge einer Infektionskrankheit oder von Diabetes oder auch von Schlaf-Apnoe. Hier gilt es also primär, den tieferen Grund des Bettnässens zu finden.

Judith macht wieder ins Bett ...

Judith ist fünf Jahre alt, und im Alter von drei Jahren ist sie nachts trocken gewesen. Jetzt macht sie jedoch seit einem Jahr wieder ins Bett, und zwar jede Nacht zweimal und immer zu Beginn der Nacht, nach dem Einschlafen. Judiths Mutter vermutet ein mögliches psychisches Problem ihrer Tochter, denn das Bettnässen ist zeitgleich mit der Trennung der Eltern wieder aufgekommen.

Die Untersuchung zeigt, daß Judith ein ganz und gar gesundes Kind ist und auch keinerlei sonstige Schlafprobleme oder Auffälligkeiten hat. Auch ihr Verhalten tagsüber scheint normal zu sein: Sie ist fröhlich und umgänglich und fällt auch im Kindergarten durch keine Besonderheit auf. Ich schlage trotzdem eine zusätzliche Blut- und Urinuntersuchung vor, um eine möglicherweise unentdeckt verlaufene Infektion oder andere Krankheit auszuschließen. Bis die Laborergebnisse vorliegen, rate ich zudem zu einem Gespräch mit unserer Psychologin.

Während die Laborergebnisse ohne Befund sind, ergab sich für die Psychologin aus ihrem Gespräch mit Judith, daß diese tatsächlich psychische Probleme hat: ein kleines Mädchen, das durch das Fortgehen ihres Vaters verletzt wurde und nachts regrediert, also kleinkindhaftes Verhalten annimmt. Das Wasserlassen ist ein Akt der Aggression gegen die Mutter, die es nicht geschafft hat, den Vater zurückzuhalten.

In den folgenden Beratungsgesprächen versucht die Psychologin, Judith wieder ein positives Selbstbild zu geben, und spricht mit ihr über ihre Schuldgefühle, über ihre Wut und ihr Traurigsein. Nach einiger Zeit nimmt das Bettnässen von Judith ab und verschwindet schließlich ganz.

Bei einer sekundären Enurese untersucht man das Kind zuallererst daraufhin, ob eine körperliche Ursache vorliegt: eine Harnweginfektion oder eine diabetische Erkrankung. Aber in den meisten Fällen gibt es einen Zusammenhang mit einem psychischen Konflikt, den das Kind durchlebt.

Deshalb ist eine unterstützende Begleitung durch einen Psychologen ratsam. Die Prognose ist im allgemeinen sehr gut, wobei ich noch mal unterstreichen möchte, daß eine Behandlung nur dann nötig ist, wenn das Kind selbst unter dem Bettnässen leidet. Dann allerdings sollten Diagnose und Therapie in den Händen von Fachärzten liegen.

7 Wie Sie Schlafstörungen vorbeugen können

In gewissem Maße können Sie als Eltern Vorbeugemaßnahmen treffen, so daß Ihr Kind Schlafstörungen gar nicht erst entwickelt. Und zwar im wesentlichen durch genaues Hinsehen und Hinhören: Lassen Sie sich von Ihrem Gefühl Ihrem Kind gegenüber leiten. Wie die meisten Eltern werden Sie gut selbst zurechtkommen, auch ohne die Hilfe eines Spezialisten.

Grundlegende Voraussetzungen für einen guten Schlaf

Regeln für einen ungestörten Kinderschlaf gibt es im eigentlichen Sinne nicht. Was ich Ihnen aber mitgeben kann, sind Gedanken über ein paar grundsätzliche Dinge, die für ein gesundes, normales Schlafverhalten Voraussetzung sind.

An allererster Stelle steht: Sie selbst müssen sich unbedingt darüber im klaren sein, was Sie selbst wollen und was Sie von Ihrem Kind in bezug auf sein Schlafverhalten erwarten. Wenn Sie unsicher sind oder eine ambivalente Haltung haben, wird es ganz und gar unmöglich sein, aufkommende Schlafprobleme abzuwenden oder gar schon bestehende zu korrigieren. Wenn Sie selbst eine ganz klare Vorstellung davon haben, wie Ihr Kind schlafen soll, dann geben Sie ihm so ein solides Fundament für einen guten Schlaf mit.

Der Schlaf ruht auf vier Säulen

Bildlich gesprochen, ruht der kindliche Schlaf auf vier Säulen, auf die ich im folgenden genauer eingehen werde. Zunächst aber markieren diese vier Säulen einen begrenzten Raum, womit gemeint ist, daß das Verhalten des Kindes Grenzen kennen muß. Wie schon ausführlich im 4. Kapitel besprochen, müssen diese Grenzen dem Kind klar sein und von den Eltern mit liebevoller Entschlossenheit durchgesetzt werden. An ihnen orientiert sich das Kind und kann selbständig werden, was bedeutet, daß es auch nachts durchaus in der Lage ist, alleine zurechtzukommen, ohne den Beistand seiner Eltern oder anderer Erwachsener.
Hier ein Überblick:

● Die erste Säule: Das Reden über den Schlaf
  Es ist ganz wichtig, daß Sie Ihrem Kind mit Worten mitteilen, was Sie von ihm möchten und was Sie deshalb unternehmen werden.
● Die zweite Säule: Ihre Entschlossenheit
  Ihre Haltung muß stimmig sein: Was Sie sagen, müssen Sie in glaubhafte Aktion umsetzen.
● Die dritte Säule: Einschlafrituale
  Schaffen Sie feste Einschlafrituale und bieten Sie vielleicht Schlummerhilfen an.
● Die vierte Säule: Verläßliches Dasein
  Verlangt Ihr Kind nachts nach Ihnen, bleiben Sie mit Ruhe und Entschlossenheit bei Ihrer Haltung, daß Ihr Kind sich letztlich allein helfen kann und wird.

Kommen wir nun im einzelnen auf diese Grundprinzipien zu sprechen.

Die erste Säule: Das Reden über den Schlaf

Reden Sie mit Ihrem Kind darüber, was Sie von ihm möchten und was geschehen wird. Besprechen Sie mit ihm konkret die einzelnen Etappen des Tagesablaufs. Wenn es allmählich Zeit wird für Ihr Kind, ins Bett zu gehen, kündigen Sie es ihm rechtzeitig an. Jedes Kind versteht sehr gut, was seine Mutter oder sein Vater ihm mitteilen, auch wenn es selbst noch nicht in der Lage ist zu sprechen. In welchem Maße ganz kleine Kinder diese verbalen Botschaften wortwörtlich verstehen, wissen wir nicht. Das hängt von verschiedenen Faktoren ab wie der neurologischen Entwicklung, dem intellektuellen Vermögen, dem Platz des Kindes in der Geschwisterreihe, der in der Familie allgemein üblichen Kommunikation, der emotionalen Grundstimmung und anderen Dingen. Aber selbst wenn wir nicht genau wissen, ab welchem Alter Kinder verbale Kommunikation wirklich aufnehmen – warum sollten wir nicht so früh wie möglich damit anfangen, mit ihnen zu reden? Ihnen zu sagen, was man von ihnen erwartet, ihnen verdeutlichen, welches Verhalten welche Konsequenzen haben wird, sie zu loben, wenn sie das tun, was man sich von ihnen gewünscht hat, etc. Es ist weder albern noch sinnlos, auch schon mit einem ganz kleinen Baby korrekt zu reden: in richtigen Wörtern und vollständigen Sätzen. Es wird uns längst verstanden haben, bevor wir das auch nur ahnen.

Sie können also auch Ihrem Baby beispielsweise schon sagen, daß Sie es in einer Viertelstunde allmählich ins Bett bringen werden. Und fünf Minuten später sagen Sie dann, daß es jetzt noch zehn Minuten sind, bevor es schlafen muß, und so weiter. Damit schaffen Sie gleichzeitig ein beruhigendes Ritual, das dem Kind Sicherheit gibt: Es weiß, was demnächst passieren wird und daß es jeden Abend so passieren wird, wenn Schlafenszeit ist.

Die zweite Säule: Ihre Entschlossenheit

Ihre Haltung muß stimmig sein nach dem Motto: gesagt, getan.

Ihr Kind weiß also darüber Bescheid, was Sie von ihm bezüglich des Schlafengehens erwarten und daß Sie möchten, daß es gut durchschläft bis zum nächsten Morgen. Jetzt müssen Sie Ihre verbalen Botschaften in Aktion umsetzen, wobei zweierlei sehr wichtig ist: Erstens muß Ihr Verhalten stimmig sein, das heißt mit dem übereinstimmen, was Sie gesagt haben, und zweitens muß es konstant bleiben:

1. *Eine stimmige Botschaft:* Eine stimmige oder kohärente Botschaft ist eine klare Botschaft. Klar nicht nur in Bezug auf die Sprache, sondern auch auf die Meta-Sprache (die nicht-sprachliche Botschaft): die Wortwahl, den Klang der Stimme, Blicke und Gestik. Alles zusammen muß für das Kind eine Bedeutung haben.

Ein Beispiel kann dies veranschaulichen: Wenn ein Vater seinem Sohn sagt, er müsse jetzt in ein paar Minuten ins Bett gehen und dabei mit ihm herumalbert und ihn auf seinen Knien auf und ab hüpfen läßt, ist die Botschaft des Vaters nicht kohärent. Wenn er fünf Minuten später seinen Sohn dann tatsächlich auch nicht ins Bett schickt, ist die Botschaft wiederum nicht kohärent. Das Kind kann nicht wissen, was wirklich von ihm erwartet wird. Wenn wir möchten, daß es allmählich zur Ruhe kommt und daß der Tag für das Kind langsam ausklingt, müssen auch seine Aktivitäten entsprechend heruntergeschraubt werden.

Damit eine Botschaft für ein Kind klar ist, müssen auch beide Elternteile das gleiche sagen, und zwar zur gleichen Zeit. Ein Kind darf keine Unstimmigkeiten zwischen den Eltern spüren: daß einer zum Beispiel das Kind noch eine Weile bei sich haben möchte, während der andere sich wünscht, es würde jetzt allmählich in seinem Bettchen liegen und Ruhe geben. In einer solchen Situation kann das

Kind nicht erkennen, was denn nun wirklich von ihm erwartet wird.

2. *Eine konstante Botschaft:* Was Sie von Ihrem Kind erwarten, muß Verläßlichkeit haben, das heißt, Ihre Aussage darf sich nicht wie ein Fähnlein im Wind drehen. Dadurch verlöre Ihr Kind buchstäblich die Orientierung. Wenn Sie zum Beispiel an einem Abend möchten, daß es vor dem Schlafengehen rechtzeitig aufhört, zu spielen oder herumzutoben, und Sie am folgenden Abend nichts dergleichen signalisieren, wird Ihr Kind nicht mehr wissen, was von dem gilt, was Sie sagen. Eltern müssen sich also selbst an das halten, was Sie einmal beschlossen haben. Das heißt natürlich nicht, daß Sie in Ausnahmefällen oder unter besonderen Umständen nicht flexibel reagieren sollten – im Gegenteil! Aber auch hier gilt unbedingt, daß Sie mit Ihrem Kind darüber sprechen: warum und wieso jetzt, wo es krank ist oder Ferien hat oder die Großeltern zu Besuch sind, alles ein bißchen anders ist als sonst.

Die dritte Säule: Einschlafrituale

Ein abendliches Ritual zu schaffen bedeutet, daß das Zubettgehen sich jeden Abend nach dem gleichen Muster vollzieht: Sie bereiten das Kind auf die Prozedur vor, indem Sie ihm rechtzeitig ankündigen, daß es allmählich Zeit wird, ins Bett zu gehen. Wenn es dann soweit ist, geschieht Schritt für Schritt jeden Abend das gleiche, bis Ihr Kind am Ende noch wach in seinem Bett liegt und anschließend einschlafen wird. Wie Sie das Ritual gestalten, liegt ganz bei Ihnen: vorlesen, vorsingen, noch einmal aus dem Fenster gucken und dann die Vorhänge schließen, den Spielzeugen Gute Nacht sagen, ein Gute-Nacht-Küßchen und ähnliche kleine Szenerien.

Solche Rituale sind für alle Kinder sehr hilfreich, und manche haben zusätzlich eine Schlummerhilfe wie einen

Lieblingsteddy oder ein Schmusetuch oder auch etwas, das die Kinder direkt mit ihren Eltern in Verbindung bringen: ein kleines Kissen ihrer Mutter oder ein kuscheliges Tuch. Diese Dinge haben die Funktion eines Übergangsobjekts und erleichtern dem Kind die Trennung von den Eltern. Weil speziell der Geruch eines solchen »Schlummergenossen« – neben dem Aussehen und der Art, wie er sich anfühlt – für das Kind so wichtig ist, darf er unter keinen Umständen etwa in der Waschmaschine landen oder gar durch eine Neuanschaffung ersetzt werden. Wenn das Kind größer wird, wird es sich selbst davon trennen, unter Umständen dann auch ohne Ersatz zu brauchen.

Noch etwas ist wichtig im Zusammenhang mit dem Schlafritual: nämlich der feste, sozusagen exklusive Ort des Schlafens. Das ist das Bett, und im Bett sollte deshalb weder gespielt werden noch sonst eine Aktivität stattfinden. Und es darf auch kein Ort der Strafe sein nach dem Motto »zur Strafe ins Bett«! Andernfalls wird es für das Kind unmöglich, sein Bett mit ruhigem Schlaf und etwas Schönem zu verbinden. Im Bett wird also, so weit es eben die Wohnverhältnisse zulassen, geschlafen, sonst nichts.

Die vierte Säule: Verläßliches Dasein

Wenn Ihr Kind sich nachts unruhig verhält, hustet oder weint, sollten Sie nicht auf der Stelle zu ihm hinstürzen. Das Eingreifen der Eltern geschieht oft verfrüht und führt lediglich dazu, daß ein Kind, das vielleicht gerade schon wieder beim Einschlafen war, vollständig aufwacht. Warten Sie also ein paar Minuten ab, ob die Unruhe anhält und Ihr Kind wirklich aufgewacht ist. Wenn Sie dann zu ihm gehen, sollten Ihre Haltung und Ihre Absicht keine anderen sein als die, die Sie ihm tagsüber vermitteln. Auch das gehört zu der oben schon angesprochenen Stimmigkeit Ihrer Erwartungshaltung, die für das Kind verstehbar und berechenbar sein muß.

Schlafen können heißt selbständig sein

Mit Hilfe dieser vier Schlafprinzipien kann ein Kind die Erwartungen seiner Eltern in bezug auf sein Schlafen verstehen und umsetzen. Tut es das nicht, werden die Eltern ihm das idealerweise nicht durchgehen lassen, so daß es lernen kann, daß seinem Verhalten Grenzen gesetzt sind. Es macht aber ebenso die Erfahrung, daß es sich an diesen Grenzen orientieren und sich sicher fühlen kann, also letztlich glücklich und unbesorgt.

Natürlich ist die Erfahrung, an Grenzen zu stoßen, immer auch ein Quell von Frustration für ein Kind, und zwar in jedem Alter. Es wird wütend werden und seine Wut auch lautstark artikulieren oder mit Ungehorsam reagieren. Wenn die Grenzen dann trotz des kindlichen Ansturms bestehen bleiben und nicht wackeln, werden sie letztlich akzeptiert. Auch wenn Sie regelrechte Kämpfe um die Grenzen erleben, können Sie sicher sein, daß diese Ihrem Kind ein hohes Maß an Geborgenheitsgefühl vermitteln. Diese Sicherheit würde verschwinden in dem Moment, in dem Sie unter Druck von Ihren Entschlüssen abweichen würden. Auch bieten Sie dem Kind Orientierungspunkte für sein Handeln, mit dem es sich die nötige Anerkennung von Ihnen holen kann.

Im Grunde genommen dienen die Grenzen dazu, daß das Kind in aller Sicherheit Selbständigkeit entwickeln kann und keine Hilfe von außen braucht, um schlafen zu können. Diese Autonomie setzt voraus, daß ein Kind nach und nach die Erwartungen und Verbote seiner Eltern in sein Verhalten integriert, und sie setzt voraus, daß es Spielraum hat, diese Autonomie auch zu leben.

Eine logische Goldene Regel

Es gibt eine sehr logische Begründung, warum ausgerechnet diese vier Säulen das Fundament bilden, auf dem ein guter Schlaf basiert. Es ist eine Goldene Regel, die folgendermaßen lautet: »Ein Kind schläft nachts auf die gleiche Weise wieder ein, wie es am Abend eingeschlafen ist.«

Wie wir gesehen haben, ist es normal, daß ein Kind nachts immer mal wieder kurz aufwacht. Genauso normal ist es auch, daß es im Nu wieder eingeschlafen ist. Um allerdings wieder einschlafen zu können, müssen die Umstände, die es nachts vorfindet, die gleichen sein wie am Abend, als es zu Bett gebracht wurde.

Das ganze Geheimnis besteht also darin zu vermeiden, daß ein Kind, um einschlafen zu können, angewiesen ist auf Hilfe von außen. Auf diese Weise vermeiden Sie auch die meisten der üblichen Mißverständnisse und verhelfen dem Kind zu einem Schlaf, dem es ruhig und gelassen entgegensehen kann.

8 Der »plötzliche Kindstod« – ein Kapitel für sich

Warum dieses Thema wichtig ist

Ich möchte zunächst erklären, warum ich am Ende eines Buches über den kindlichen Schlaf auch das Thema »plötzlicher Kindstod« offen ansprechen möchte. Es gibt unzählige Eltern, die gerade ein Baby bekommen haben und sich nun Fragen stellen, auf die sie nirgends die gewünschten Antworten bekommen. Und allzu oft beobachte ich auch, daß sich hinter ihren scheinbar banalen Fragen nach dem Schlaf Ihrer Säuglinge die Angst vor dem »plötzlichen Kindstod« verbirgt. Es ist eine Tatsache, daß er während des Schlafes eintritt. Es ist aber ebenfalls Tatsache, daß es heutzutage Maßnahmen gibt, die das Risiko, daß er sich ereignet, minimieren. Um so wichtiger ist es, offen darüber zu sprechen.

Die Angst der Eltern

Immer wieder stellen mir Eltern Fragen zu möglichen Unfällen, die ihrem Kind während des Schlafs passieren könnten. Sie haben Angst vor diesem schrecklichen Geschehen, das man »plötzlicher Kindstod« nennt. Die Zeit, in der ihr Kind schläft, empfinden sie als eine Zeit, in der sie ihr Kind nicht beschützen können, und sie fürchten, daß gerade dann etwas passieren könnte. Diese Ängste der Eltern sind manchmal so stark, daß sie selbst den Schlaf darüber verlieren. Ich habe Eltern erlebt, die ihr Kind nachts immer wieder anstoßen, um sich zu vergewissern, daß es noch atmet und lebt. Jedesmal wacht das Kind natürlich auf. So kann es ebenfalls seinen Schlaf verlieren.

Die spezielle Angst vor dem Kindstod kann aus schmerzlicher Erfahrung eines solchen Geschehens in der Familie herrühren oder auch aus dem, was darüber alles zu hören und zu lesen ist, einschließlich vieler beunruhigender Gerüchte.

Die Familie, die ein Kind verliert

Wenn das Unglück geschieht und ein Kind plötzlich während des Schlafens stirbt, ist es wichtig, daß die betroffene Familie darüber sprechen kann. Und zwar nicht nur die Eltern, sondern auch andere Familienmitglieder: die Großeltern, der Bruder, die Schwester ... Sie werden gerne vergessen, dabei quälen auch sie sich mit Angst und Schuldgefühlen, die sie verarbeiten müssen.

Hier zwei Beispiele:

Max war vier Monate alt, als er plötzlich im Schlaf gestorben ist. Seine vierjährige Schwester war an diesem Sonntagvormittag zu Hause, als ihre Mama die schreckliche Entdeckung machte. Seither hat sie nicht mehr geweint und ist in einem Maße lieb und brav, daß es unnatürlich erscheint. Und trotz allem bleibt sie auch nachts alleine in ihrem Bettchen, ruhig, aber hellwach, mit weit offenen Augen. Im Kindergarten ist es einmal vorgekommen, daß sie bei einer Spielkameradin, die sich auf den Boden gelegt hatte und »tot sein« spielte, Mund-zu-Mund-Beatmung gemacht hat ...

Jonathan ist fünf Jahre alt. Sein kleiner Bruder ist vor etwa zwei Wochen gestorben: plötzlich und im Schlaf.

Jonathan ist seither ungewöhnlich ruhig und lieb. Weinen tut er nachts, und er verbringt Stunden damit, auf dem Bauch liegend seine Lieblingskassette von den »101 Dalmatinern« anzuhören, und spult immer wieder zu der Stelle zurück, wo der Vater versucht, den neugeborenen und für tot erklärten kleinen Welpen wieder ins Leben zurückzuholen ...

Vor dem Hintergrund dieser Ängste, die mit dem Tod und dem Schlafen verbunden sind, habe ich im folgenden die wichtigsten Dinge über den »plötzlichen Kindstod« für Sie zusammengefaßt. Natürlich ist es ein anderes Thema als Schlafstörungen. Aber die Angst vor diesem Geschehen ist eng verbunden mit den Themen Nacht, Schlaf und Trennung. Und nicht zuletzt sind die vielen unvollständigen und auch widersprüchlichen Dinge, die man in diesem Zusammenhang hört und liest, ein Grund für eine gewisse Klarstellung.

Grundsätzliches zum »plötzlichen Kindstod«

Definition

Der sogenannte »plötzliche Kindstod« ist die häufigste Ursache dafür, daß Kinder im Alter zwischen einem Monat und einem Jahr sterben. Hierzulande ist es höchstens ein Säugling pro tausend. Die besonders kritische Zeit liegt zwischen zwei und sechs Lebensmonaten. Weniger als zehn Prozent der betroffenen Säuglinge sind unter sechs Wochen alt, und weniger als ein Prozent ist älter als ein Jahr. Und es trifft häufiger Jungen als Mädchen.

Man redet nur dann von »plötzlichem Kindstod«, wenn der Tod plötzlich und unerwartet eintritt und es keine medizinische Erklärung gibt. Eine Autopsie kann in über zwanzig Prozent der Fälle einen Hinweis auf mögliche Ursachen geben. Es handelt sich meistens um eine Infektionskrankheit oder eine Stoffwechselstörung. Manchmal liegt auch Kindesmord vor.

Der »plötzliche Kindstod« ist nicht vererbbar, wohl aber bestimmte Anomalien, die Herz, Atmung oder Stoffwechsel betreffen. Aber in der überwiegenden Zahl der Fälle handelt es sich um ein singuläres Geschehen in einer Familie, das sich nicht bei Nachgeborenen wiederholt.

Die Hauptursachen

Die Ursachen, die zu einem plötzlichen und unerwarteten Tod eines Kindes führen, können in drei Hauptgruppen zusammengefaßt werden: Es sind Krankheiten, besondere Umstände und ein gewisser Unreifegrad, eine Instabilität vitaler Funktionen wie Atmung, Herztätigkeit, Kreislauf.

Krankheiten
Bei einem Säugling kann sich explosionsartig eine schwere Krankheit entwickeln, ohne daß Symptome beobachtet werden konnten. Eine Meningitis zum Beispiel oder eine Sepsis können unbemerkt und ohne Warnsignale ihren gefährlichen schnellen Lauf nehmen. Außerdem können eine bakterielle oder eine Virus-Krankheit, die für Erwachsene oder ältere Kinder nicht lebensbedrohlich sind, bei einem Säugling die Atmung oder die Herzfunktion so beeinträchtigen, daß Lebensgefahr droht.

Besondere Umstände
Die zweite große Gruppe sind ungünstige Umstände in der Lebensumgebung des Säuglings, die für ältere Kinder harmlos sind, für Säuglinge jedoch eine Lebensgefahr

218

bedeuten können. Zum Beispiel eine Matratze oder ein Kopfkissen, die zu weich sind, oder eine Halskette, oder ein Spalt zwischen Matratze und Bettpfosten, in dem das Baby sich den Kopf einklemmt und ersticken kann.

Andere Dinge wie Bauchlage, ungewohnter Schlafentzug, zu große Hitze oder auch sedierende Medikamente kommen als Ursachen in Frage, wobei bei letzteren noch hinzukommt, daß sie ein spontanes Erwachen des Säuglings erschweren, der sich dadurch aus einer für Herz oder Atmung gefährlichen Situation hätte retten können.

Instabilität vitaler Funktionen
Die dritte Gruppe betrifft die vitalen Funktionen wie Herz und Kreislauf, Atmung, Nervenapparat, Verdauung oder auch den Aufwachmechanismus. Sind diese Funktionen nicht ausgereift beziehungsweise sind die Kontrollsysteme instabil, kann es bei einem Säugling zum Beispiel zu einem Herz- oder Atemstillstand kommen. Manchmal begünstigen Infektionskrankheiten oder auch die Lebensumgebung des Kindes diese Instabilität.

Die Anomalie vitaler Kontrollfunktionen kann sich durch eine sehr blasse Haut äußern, durch übermäßiges Schwitzen oder auffällige Atemgeräusche im Schlaf. Um sie als mögliche Warnhinweise zu identifizieren, müssen diese Symptome sehr genau und fachärztlich untersucht werden.

Die wichtigsten Vorbeugemaßnahmen

In vielen europäischen Ländern gibt es seit Anfang der neunziger Jahre Aufklärungskampagnen über den »plötzlichen Kindstod«, die auf dem Wissen beruhen, das wir heute über den Einfluß von Lebensumständen des Säuglings haben. Informationsbroschüren werden breit an Familien wie an medizinische oder pädagogische Institutionen verteilt, um so die möglichen Risikofaktoren so weit wie möglich zu minimieren. Hierzu im folgenden die wichtigsten Grundsätze:

Die Schlafposition
Vermeiden Sie die Bauchlage, legen Sie Ihr Baby auf den Rükken. Es kommen in Rückenlage nicht mehr Unfälle durch Aufstoßen oder Erbrechen vor, als wenn Ihr Kind auf dem Bauch schläft. Die Seitenlage ist nicht zu empfehlen, hier liegt die Risikorate des »plötzlichen Kindstods« genau in der Mitte zwischen der von Bauchlage und Rückenlage.

Tabakkonsum
Vom Rauchen ist dringend abzuraten, sowohl während der Schwangerschaft als auch in der postnatalen Zeit. Und wenn Sie rauchen, tun Sie es nicht im Schlafzimmer Ihres Kindes.

Raumtemperatur
Achten Sie darauf, daß das Schlafzimmer Ihres Kindes weder zu warm noch zu kalt ist. Ein Säugling ist sensibler für Temperaturschwankungen als ein Erwachsener.
Das Schlafzimmer: Die Raumtemperatur sollte bei Kindern unter acht Lebenswochen zwanzig Grad nicht überschreiten und, wenn es älter ist, bei achtzehn Grad liegen.
Das Bettzeug: Bis zur Vollendung des ersten Lebensjahres sollten Kinder nicht zu fest zugedeckt schlafen. Es genügt, wenn sie in einem Schlafsack liegen, ohne zusätzliches Oberbett. Oder Sie decken das Baby mit einem Leinentuch oder einem Bettbezug zu. Die Tücher können Sie so über die untere Betthälfte schlagen und feststecken, daß der Kopf Ihres Kindes nicht darunter zu liegen kommt. Und verzichten Sie in jedem Fall auf eine Daunendecke,

220

bei der die Gefahr besteht, daß sie das Gesicht des Kindes verdeckt.

Die Kleidung: Die Kleidung Ihres Kindes soll sich nach der Raumtemperatur und nicht nach der Außentemperatur richten.

Matratze und Bettwäsche
Achten Sie darauf, daß die Matratze des Kinderbettchens nicht zu weich ist und keine Lücke läßt zum Bettgestell. Verwenden Sie kein Kopfkissen. Entfernen Sie aus dem Bett alles, was die Gefahr des Erstickens oder Strangulierens beinhalten könnte: Halsbändchen im Nachthemd, Schlaufen oder Bänder am Bettzeug und Dinge, die das Gesicht zudecken könnten. Wenn Ihr Kind in einem Gitterbettchen schläft, dürfen die Stäbe nicht weiter als acht Zentimeter auseinanderstehen. Sorgen Sie für Bewegungsfreiheit von Armen und Beinen. Das Bettchen sollte stabil und fest sein. Und legen Sie Ihren Säugling nicht in einem weich gepolsterten Wiegenbett schlafen.

Medikamente
Weder einem Säugling noch der stillenden Mutter sollten Medikamente ohne ärztliche Verordnung gegeben werden. Vermeiden Sie ganz allgemein jegliche Beruhigungsmittel – und im besonderen bestimmte Hustensirups oder Suppositorien gegen Husten.

Was für jedes Baby wichtig ist

Grundsätzlich gilt, daß Sie auf den eigenen Lebensrhythmus Ihres Babys achten und dementsprechend regelmäßige Zeiten einführen sollten, so daß es nicht womöglich zugunsten einer Mahlzeit um seinen Schlaf gebracht wird.

221

Achten Sie besonders auf die Einhaltung folgender Ratschläge:

- Wenn Ihr Kind sich in den Schlaf geweint hat, vergewissern Sie sich, daß es ihm gutgeht.
- Das Kinderzimmer muß gut gelüftet sein.
- Lassen Sie kein Haustier in demselben Zimmer schlafen, in dem Ihr Kind schläft.
- Achten Sie vor allem im Sommer darauf, daß Ihr Kind genug trinkt.
- Halten Sie die für das Kind passenden Essens- und Schlafenszeiten ein.
- Stillen Sie Ihr Kind möglichst, bis es etwa ein halbes Jahr alt ist.
- Gehen Sie zur regelmäßigen Untersuchung zu einem Kinderarzt.

Alarmzeichen

Wenn Ihr Kind eine oder mehrere der folgenden Auffälligkeiten zeigt, sollten Sie baldmöglichst einen Arzt zu Rate ziehen:

- Eine rektal gemessene Temperatur unter 36 oder über 38 Grad, wenn bei Ihrem Kind keinerlei Grund für diesen Temperaturabfall oder -anstieg ersichtlich ist.
- Eine kürzlich aufgetretene Verhaltensänderung: Ihr Kind ist außergewöhnlich still oder im Gegenteil aufgedreht.
- Es jammert und weint während des Schlafens und wenn es aufwacht.
- Es erbricht sich oder verweigert das Essen.
- Es hat Schwierigkeiten zu atmen.

Auch bei folgenden Dingen sollten Sie eine Hebamme oder einen Arzt befragen:

- Eine auffällige zunehmende Blässe.
- Starkes Schwitzen während des Schlafens, so daß das Nachtzeug feucht ist, und ohne ersichtlichen Grund.
- Eine laute oder angestrengte Atmung, die nicht Begleiterscheinung einer Infektionskrankheit ist.

Ein Wort zu Information und Aufklärung der Eltern

Zum Schluß dieses Kapitels noch ein Wort zur Aufklärungspolitik über den »plötzlichen Kindstod«. Das Informationsmaterial sollte Eltern anregen und beraten, wie sie bestmögliche Lebensumstände für ihr Neugeborenes schaffen und seine Sicherheit optimieren können. Was es nicht tun sollte, ist, Ängste und Unsicherheiten oder gar Schuldgefühle zu schüren. Deshalb haben undifferenzierte Ratschläge oder unseriöse Sicherheitsversprechungen in diesen Informationsblättern oder Broschüren nichts verloren. Der »plötzliche Kindstod« kann auch dann eine Familie treffen, wenn diese alle nur möglichen Vorbeuge- und Vorsichtsmaßnahmen getroffen und den ganzen Lebensrhythmus und die Umstände optimal auf den Säugling eingestellt hat.

Hier noch einmal das Wichtigste

Ein Neugeborenes ist ein zartes Wesen, das unterstützende Aufmerksamkeit und regelmäßige Pflege braucht. Forschungen haben gezeigt, daß die Ratschläge, die ich Ihnen hier weitergegeben habe, durchaus dazu beitragen, das Risiko des »plötzlichen Kindstod« zu minimieren. Zwei Hauptpunkte sollten Sie auf jeden Fall im Gedächtnis halten:

1. Eine überwältigende Mehrheit der Säuglinge ist keinerlei Risiko ausgesetzt; die Sterblichkeitsrate liegt, wie schon erwähnt, bei eins zu tausend. Der »plötzliche Kindstod« ist und bleibt ein Ausnahmefall, aber man soll trotzdem alles tun, was möglich ist, um ihn zu vermeiden.

2. Es handelt sich nicht um ein vererbbares Phänomen. Wenn eine Familie also ein Kind auf diese tragische Weise verliert, heißt das nicht, daß auch die möglicherweise kommenden Geschwister davon bedroht wären. Sie können also ohne solche Bedenken eine erneute Schwangerschaft in Erwägung ziehen, sobald die Trauer um Ihr verlorenes Kind so weit bewältigt ist.

9 Zum guten Schluß

Ich habe versucht, Ihnen mit diesem Buch einige grundlegende Gedanken und Vorschläge zum Schlaf Ihres Kindes mitzugeben. Ich fasse das Wichtigste in drei Punkten noch einmal zusammen:

1. Kindliche Schlafprobleme sollte man nicht auf die leichte Schulter nehmen.
2. Von einer systematischen Behandlung von Schlafstörungen mit Medikamenten ist abzuraten. Es gibt nur wenige Ausnahmefälle, die Sie hier in diesem Buch kennengelernt haben, die eine Medikation rechtfertigen.
3. Aufmerksamkeit und Ihr eigenes Gespür für Ihr Kind können manchmal Auswege aus Konfliktsituationen, die vollkommen verfahren erscheinen, ausfindig machen.

Nun zu den Punkten im einzelnen:

Keine Verharmlosung

Wenn eine Familie einen Kinderarzt aufsucht, weil das Kind schlecht schläft, passiert es allzu oft, daß dieser das Problem verharmlost oder gar vom Tisch wischt. Die Eltern bekommen dann Ratschläge wie: »Das regelt sich schon mit der Zeit.« Eine solche Haltung zieht manchmal Jahre unnötiger Beschwernis und des Leidens nach sich.

Es gibt auch Ärzte, die die Eltern für die Schlafprobleme ihres Kindes verantwortlich machen in dem Sinne, daß sie es nicht schaffen, ihm deutliche Anweisungen zu geben. »Zeigen Sie einfach ein wenig mehr Strenge, Sie werden schon sehen ...«, heißt es dann. Oder: »Lassen Sie Ihren

Sohn ruhig schreien, irgendwann schläft er bestimmt ein.«
Oder auch: »Vielleicht übertreiben Sie ein bißchen, so
schlimm kann das doch kaum sein ...«

Auch aus der privaten Umgebung kommen oft genug
widersprüchliche Ratschläge und Interpretationen, warum
das Kind nicht gut schläft. Daß es zum Beispiel auch nachts
seine Kräfte messen will oder, im Gegenteil, es sich zu passiv verhält und unselbständig. Die Eltern sind schließlich an
dem Punkt, wo sie bereit sind, alles auszuprobieren, nur
damit die Situation sich ändert: Sie reagieren mitfühlend
und nehmen das Kind mit zu sich ins Bett, dann wieder zeigen sie sich streng und ärgerlich; eine Zeitlang brennt
nachts im Kinderzimmer ein kleine Lampe, dann wieder ist
es verdunkelt und stockfinster; einmal ist die Tür einen
Spalt oder mehr geöffnet, ein andermal fest verschlossen.

Keine Medikamente

Es kommt vor, daß ein Arzt zu dem Ergebnis kommt, daß
Ihr schlecht schlafendes Kind wohl unter einem psychischen oder neurologischen Problem leidet. Die Lage spitzt
sich also zu, und ein Neurologe oder Kinderpsychologe
wird konsultiert. Damit beginnt oft eine Spirale, die sich
von einem Facharzt zum nächsten und von einer Untersuchung zu vielen weiteren dreht.

Sich widersprechende Meinungen der Ärzte und erfolg-
lose Lösungsvorschläge bringen viele Eltern dazu, selbst
nach Lösungen zu suchen: Sie tauschen womöglich das Bett
ihres Kindes aus oder räumen das Kinderzimmer komplett
um und stellen das Bett an eine andere Stelle, manchmal in
ein anderes Zimmer. Oder sie machen die Tour vom Osteopa-
then über den Akupunkteur und Kinesiologen bis zum Psychologen oder Psychotherapeuten. Schlaflose Kinder bekommen oft auch Beruhigungstees oder Medikamente –

in Frankreich und Belgien sind dies annähernd zehn Prozent der betroffenen Kinder! Diese Mittel sind oft nicht nur nutzlos, sie verstärken zudem noch die Unruhe und Schlaflosigkeit des Kindes. Wenn sie allerdings eine Wirkung zeigen, haben sie auch Nebenwirkungen und versetzen das Kind in einen Dämmerzustand, der zu seiner ohnehin bestehenden Müdigkeit noch hinzukommt.

Vertrauen Sie auf sich selbst

Schlafprobleme eines Kindes sollen nicht vorschnell und »großzügig« mit Medikamenten behandelt werden. In den meisten Fällen zeichnet sich eine Lösung der Probleme ab, ohne daß jegliche Medikation nötig wäre. Die beste Hilfe für ein Kind, das nicht oder nur schlecht schlafen kann, finden wir dank unserer Vernunft und Intuition.

Anhang

Aus der Sprechstunde

Es gibt viele taugliche Mittel, um ein Schlafproblem zu identifizieren und in die Lebenswelt des Kindes und seiner Familie einzuordnen. Im folgenden möchte ich Ihnen meine Untersuchungsmethode darlegen: wie ich eine erste Sprechstunde aufgrund eines Schlafproblems üblicherweise gestalte.

Zunächst beginne ich ein ganz allgemeines Gespräch, ohne offenkundiges Ziel. Ich versuche, genau zuzuhören und zu beobachten, welche Dinge wie gesagt und dargestellt werden. Wenn das Kind groß genug ist, versuche ich es anzuregen, seine Situation frei zu erzählen. Danach bitte ich die Eltern um ihre Sicht, die sie möglichst offen erzählen sollen, das gleiche gilt für Fragen, die sie haben.

Erst wenn ich alle Informationen habe, die ich für wichtig halte, beginne ich meinerseits, Fragen zu stellen. Der Gesprächsverlauf ist möglichst offen und flexibel. Alle Dinge, die das Familienleben und das Leben des Kindes betreffen und etwas mit seinen Schlafproblemen zu tun haben könnten, kommen im Idealfall dann zur Sprache. Um genaue Informationen über das charakteristische Schlafverhalten des Kindes zu erhalten, setze ich im weiteren bestimmte Hilfsmittel ein.

Das »magische Schlafheft« und andere Methoden

In praktisch allen Fällen gebe ich dem Kind – oder seinen Eltern, wenn es selbst noch zu klein ist – das vielfach erwähnte »magische Schlafheft« mit (Muster siehe S. 232f.). Es ist im Din-A-4 Format mit Übersichtstabellen, in die man täglich eine Schlafchronik einträgt: die Zeiten des Aufwachens, des Mittagsschlafs, Einschlafens, Wiederaufwachens etc. Ebenso werden Mahlzeiten, emotionale Tiefs wie Weinen und besondere Ereignisse im Tagesablauf eingetragen. Auf jedem Blatt befinden sich sieben dieser Tabellen, so daß man einen Wochenüberblick hat – was oft auch die Zeit ist bis zur nächsten Sprechstunde.

Natürlich gibt es auch andere Formen, eine Chronik anzulegen. Es gibt Eltern, die sich diese Tabellen selbst zeichnen; andere gestalten die Vordrucke phantasievoll zu einer Art Album oder Bilderbuch, zum Beispiel mit Zeichnungen, einer hübschen Bindung etc.

Der »magische« Effekt dieser Tabellen stellt sich in jedem Fall ein. Und zwar dadurch, daß er Ereignisse vor Augen führt, die als Belastung und Qual empfunden werden und beladen sind mit Emotionen. Ich habe Eltern erlebt, die sich erst, als sie das tatsächliche Schlafverhalten ihres Kindes in dieser Form vor Augen hatten, bewußt wurden, daß die Probleme in Wahrheit längst nicht so schlimm waren, wie sie sie erlebt hatten. In anderen Fällen hat man – im Gegenteil – sehen können, daß die »kleinen Schlafproblemchen« tatsächlich ernste Störungen waren. Ein dritter wichtiger Aspekt ist die Dokumentation von Fortschritten: Eltern wie auch das Kind selbst können ablesen, was sich Tag für Tag zum Positiven verändert, was eine motivierende und bestärkende Wirkung hat. Verschlimmert sich hingegen die Situation, erlaubt dieses Schlaftagebuch nachzuvollziehen, woran das liegen könnte und ob gegebenenfalls

Dinge einen Einfluß auf den Schlaf haben, die bisher übersehen wurden.

Das »magische Schlafheft« ist Grundbestandteil meiner Behandlungsmethode, und ich lasse es von dem Kind beziehungsweise den Eltern führen, bis für das Schlafproblem eine befriedigende Lösung gefunden ist.

Die anderen Methoden, den Schlaf eines Kindes zu beobachten und herauszufinden, welche Art Problem vorliegt, habe ich im Buch an verschiedenen Stellen angesprochen. Es gibt zum Beispiel die Tonband- oder Videoaufzeichnung des kindlichen Schlafes, die manche Eltern mit in die Sprechstunde bringen. Und es gibt die »professionelle« Beobachtung, die in einer Klinik stattfindet: das Schlafprotokoll anhand eines EEG. Kombiniert ebenfalls mit Ton- und Bildaufnahmen wird dies in der Regel eingesetzt bei Verdacht auf Epilepsie oder Schlaf-Apnoe.

Vergessen sollten wir hier nicht die sogenannte einfache, aber unter Umständen fruchtbarste Methode: Malpapier und Buntstifte. Was das Kind zu seiner Angst, seinen Träumen, allgemein zu dem, was es sehr beschäftigt, aufmalt, steckt voller wertvoller Informationen – wobei die Bilder an sich Aussagekraft haben wie auch ihre Abfolge und Entwicklung während eines längeren Zeitraums. Jedesmal wieder, wenn ein Kind seine Bilder erläutert, bin ich erstaunt und ergriffen von all dem, was es an Beziehung zur Welt, zu sich selbst und zu seiner Familie zu erzählen hat.

Das magische Schlafheft

Woche vom ——— bis ——— Name: ——— Vorname: ———

Datum: ——— Geburtsdatum ———

	Morgen						Nachmittag						Abend						Nacht					
	7	8	9	10	11	12	13	14	15	16	17	18	19	20	21	22	23	24	1	2	3	4	5	6
Schlafen																								
Wachsein: Ruhig (R) Weinen (W) Essen (E)																								

Bemerkungen: ———

Woche vom ——— bis ——— Name: ——— Vorname: ———

Datum: ——— Geburtsdatum ———

	Morgen						Nachmittag						Abend						Nacht					
	7	8	9	10	11	12	13	14	15	16	17	18	19	20	21	22	23	24	1	2	3	4	5	6
Schlafen																								
Wachsein: Ruhig (R) Weinen (W) Essen (E)																								

Bemerkungen: ———

Woche vom ——— bis ——— Name: ——— Vorname: ———

Datum: ——— Geburtsdatum ———

	Morgen						Nachmittag						Abend						Nacht					
	7	8	9	10	11	12	13	14	15	16	17	18	19	20	21	22	23	24	1	2	3	4	5	6
Schlafen																								
Wachsein: Ruhig (R) Weinen (W) Essen (E)																								

Das magische Schlafheft

(1)

Datum: _____ Geburtsdatum: _____

	Morgen						Nachmittag						Abend						Nacht					
	7	8	9	10	11	12	13	14	15	16	17	18	19	20	21	22	23	24	1	2	3	4	5	6
Schlafen																								
Wachsein: Ruhig (R) Weinen (W) Essen (E)																								

Name: _____ Vorname: _____

Woche vom _____ bis _____

Bemerkungen: _____

(2)

Datum: _____ Geburtsdatum: _____

	Morgen						Nachmittag						Abend						Nacht					
	7	8	9	10	11	12	13	14	15	16	17	18	19	20	21	22	23	24	1	2	3	4	5	6
Schlafen																								
Wachsein: Ruhig (R) Weinen (W) Essen (E)																								

Name: _____ Vorname: _____

Woche vom _____ bis _____

Bemerkungen: _____

(3)

Datum: _____ Geburtsdatum: _____

	Morgen						Nachmittag						Abend						Nacht					
	7	8	9	10	11	12	13	14	15	16	17	18	19	20	21	22	23	24	1	2	3	4	5	6
Schlafen																								
Wachsein: Ruhig (R) Weinen (W) Essen (E)																								

Bemerkungen: _____

Dank

Dieses Buch hätte niemals entstehen können ohne die Mitwirkung folgender Akteure:

Die Kinder, die schlecht geschlafen haben und die mir gezeigt haben, daß die Natur nicht immer so funktioniert, wie sie laut Lehrbücher oder wissenschaftlicher Abhandlungen funktionieren müßte.

Ihre Familien, die mich an der Fülle ihrer Beobachtungen und ihres Wissen teilhaben ließen, das sie sich auf manchmal sehr harte Weise erworben haben.

Meine Mitarbeiterinnen und Mitarbeiter: Marie-José Mozin, die diese Arbeit von Beginn an begleitet hat und die Basis geliefert hat für alles, was in diesem Buch den Zusammenhang von Nahrung, Eßverhalten und Schlaf betrifft; die Psychologinnen Martine Sottiaux und Muriel Fuks, die mir so fruchtbare Unterstützung boten, wenn die Beziehung mit den Familien schwieriger wurde; Dr. José Groswasser, Kinderarzt, dessen Forschungen und Erkenntnisse mir bei komplexen klinischen Fragen weitergeholfen haben.

Der Mitarbeiterstab und die Pflegekräfte des Schlaflabors wie auch Dr. Bernard Dan, Neurologe, die ungezählte Stunden damit verbracht haben, das Verhalten von Kindern während des Schlafes zu beobachten und zu verstehen.

Alle diejenigen, die Forschungen zum Schlaf und zum Verhalten von Kindern in Krippen und Tagesstätten betrieben haben. Desgleichen Didier Michel, dessen Protokolle zum Schlafverhalten eine Fülle an Informationen enthalten. Desgleichen auch alle niedergelassenen praktizierenden Ärzte, die mir ihr Vertrauen schenkten und betroffene Familien an mich überwiesen.

Und schließlich die zahlreichen Forscher und Wissenschaftler, die durch ihre Arbeit, ihre Ratschläge wie auch ihre Fragestellungen dazu beigetragen haben, daß das Wissen über Schlafstörungen bei Kindern weiter anwächst.

Ihnen allen meinen Dank – und einen guten Schlaf.

...Eltern sein dagegen sehr

Erziehungsberater im dtv

Ben Bachmair
Abenteuer Fernsehen
Ein Begleitbuch für Eltern
dtv 3-423-36243-X

Brigitte Beil
Gutes Kind, böses Kind
Warum brauchen Kinder
Werte? · dtv 3-423-08424-3

Bruno Bettelheim
Kinder brauchen Märchen
dtv 3-423-35028-8

Jeffrey L. Brown
Keine Räuber unterm Bett
Wie man Kindern Ängste
nimmt · dtv 3-423-36093-3

Deepak Chopra
Mit Kindern glücklich leben
Die sieben geistigen
Gesetze für Eltern
dtv 3-423-36267-7

Oggi Enderlein
Große Kinder
Die aufregenden Jahre
zwischen 7 und 13
dtv 3-423-36220-0

Klaus Fritz
**Ein Sternenmantel voll
Vertrauen**
Märchenhafte Lösungen
für alltägliche Probleme
dtv 3-423-36120-4

Barbara Högl
Störfälle?
Die viel zu unaufmerk-
samen Kinder
Notizen, Fundstücke und
Interviews
dtv 3-423-36213-8

Isabel Hörmann
Ein Traum von Kind
Aus dem Leben einer
ratlosen Mutter
dtv 3-423-36222-7
Quo vadis, Superweib?
Eine Mutter packt aus
dtv 3-423-20272-6

Kinder verstehen
Ein psychologisches
Lesebuch für Eltern
Herausgegeben von
Sophie von Lenthe
dtv 3-423-35017-2

Gerhard W. Lauth
Peter F. Schlottke
Kerstin Naumann
**Rastlose Kinder,
ratlose Eltern**
Hilfen bei Überaktivität
und Aufmerksamkeits-
störungen
dtv 3-423-36122-0

Maria Montessori
Kinder sind anders
dtv 3-423-36047-X

...Eltern sein dagegen sehr

Erziehungsberater im dtv

Angela Murmann
Das Tunnelbiest
und andere Geschichten
aus meiner Erziehungskiste
dtv 3-423-36141-7

Cora Neuhaus
Corona Schmid
Nur eine Phase?
Verhaltensauffälligkeiten
bei Kindern
dtv 3-423-36219-7

Gerlinde Ortner
**Märchen, die Kindern
helfen**
Geschichten gegen Angst
und Aggression
dtv 3-423-36107-7
**Neue Märchen, die
Kindern helfen**
Geschichten über Streit,
Angst und Unsicherheit
dtv 3-423-36154-9

Jirina Prekop
Der kleine Tyrann
Welchen Halt brauchen
Kinder?
dtv 3-423-36050-X

Jirina Prekop
Christel Schweizer
Unruhige Kinder
Ein Ratgeber für beun-
ruhigte Eltern
dtv 3-423-36030-5

Ulla Rahn-Huber
**Der ultimative Survival-
Guide für junge Eltern**
dtv 3-423-36167-0

Dorothy Rich
Lernspiele für den EQ
So fördern Sie die emotio-
nale Intelligenz Ihres
Kindes
dtv 3-423-36226-X

Julia Rogge
**Den Alltag in den Griff
bekommen**
Familien-Management
dtv 3-423-36199-9

Lawrence E. Shapiro
EQ für Kinder
Wie Eltern die emotionale
Intelligenz ihrer Kinder
fördern können
dtv 3-423-36121-2

**Weder Macho noch
Muttersöhnchen**
Jungen brauchen eine neue
Erziehung
dtv 3-423-36123-9

Eva Zeltner
Mut zur Erziehung
dtv 3-423-36048-8